W0384105

Samy Molcho

Körpersprache des Erfolgs

Samy Molcho

Körpersprache des Erfolgs

Mit Fotografien von Poby

ARISTON

MIX
Papier aus verantwortungsvollen Quellen
FSC® C014496

Verlagsgruppe Random House FSC® N001967
Das für dieses Buch verwendete FSC®-zertifizierte Papier
EOS liefert Salzer Papier, St. Pölten, Austria.

Bibliografische Information der Deutschen Bibliothek

Die Deutsche Bibliothek verzeichnet diese Publikation in der
Deutschen Nationalbibliografie; detaillierte bibliografische Daten
sind im Internet unter http://dnb.ddb.de abrufbar.

© der Sonderausgabe 2015 und
© 2005/2015 Ariston Verlag in der Verlagsgruppe Random House GmbH
Alle Rechte vorbehalten

Umschlaggestaltung: Eisele Grafik Design, München
Satz: EDV-Fotosatz Huber/Verlagsservice G. Pfeifer, Germering
Druck und Bindung: GGP Media GmbH, Pößneck
Printed in Germany 2015

ISBN 978-3-424-20148-2

Inhalt

Einleitung

Wenn von Erfolg die Rede ist, gehen wir meistens davon aus, dass es sich dabei um das Ergebnis einer aus dem Alltäglichen herausragenden Leistung handeln muss. Aber ist das richtig? Viele Menschen nämlich frustriert dieser Anspruch, weil er sie glauben lässt, im Alltäglichen stecken zu bleiben, obwohl sie gerade im Alltag ihre Erfolgschancen haben.

Bevor wir in eine Auseinandersetzung über den Begriff des Erfolgs kommen, will ich hier deutlich meine Meinung sagen, dass alles, was wir im Kleinen wie im Großen erreichen, als ein persönlicher Erfolg angesehen werden kann. Das beginnt bereits bei der Geburt. Mutter und Kind versuchen gemeinsam, etwas zu leisten. Das Kind muss, noch unbewusst, mitmachen. Die Mutter hilft ihm mit ihren Wehen. Es ist nicht leicht für das Kind, durch den engen Pass zu gelangen, der zum Leben führt, die Geborgenheit im Mutterleib mit einer unbequemen Passage zu vertauschen, nur mit der instinktiven oder vorprogrammierten Hoffnung: Draußen ist mehr Platz, draußen wartet das Licht, draußen ist das Leben! Die Geburt selbst bedeutet Erfolg für beide, für Mutter und Kind.

Nun beginnt ein andauernder Lernprozess für das Neugeborene. Um diesen Vorgang zu begreifen, genügt es, einmal zuzuschauen, wie viel Energie ein Kleinkind in die Koordination zwischen Auge und Hand investiert. Gelingt sie ihm, hat es Erfolg. Alles was wir lernen, alles was wir an Fertigkeiten erwerben, um eine bestimmte Leistung zu erreichen, können wir unserem persönlichen Erfolgskonto gutschreiben. Die Gewohnheit, selbst durchaus wichtig für die Entlastung unserer Kapazität zur Aufnahme neuer Erfahrungen, hindert uns oft daran, noch wahrzunehmen, das alltägliches Tun erfolgreiches Tun ist.

Es ist ja z. B. gar nicht so selbstverständlich, dass wir aufrecht stehen können. Natürlich, wir haben es gelernt, aber wie viel Energie haben wir einst dafür investiert, damit wir schließlich aufrecht stehen konnten, bis wir dies oder anderes richtig machen im Alltag, ohne dass wir es überhaupt noch wahrnehmen. Es genügt eine kleine Störung im Gehirn, im Nervensystem oder in der Motorik, damit wir auf einmal merken, wie wenig selbstverständlich es ist, einfach einen Schritt zu machen, aufrecht zu stehen, die Balance zu halten. Brauchen wir Störungen, um es uns wieder bewusst zu machen, dass keine dieser alltäglichen und gewohnheitsmäßig ausgeführten Aktionen selbstverständlich ist? Aber stehen bleiben können wir auch nicht, es treibt uns weiter. Jeder Erfolg bringt uns in eine Position, die wieder Ausgangssituation ist für den nächsten Schritt. Ich benutze gern einen einfachen Vorgang, um diese Situation zu erläutern: Vor uns ist eine Tür. Wir wollen sie öffnen. Um hindurchzugehen, muss unsere Hand den Türgriff anfassen, sie muss herausfinden, ob der Griff nach unten oder oben gedrückt oder gedreht werden muss, damit sich die Tür öffnet. Wie schwer ist die Tür? Wir nehmen an, sie ist leicht zu öffnen. Wie überrascht sind wir, wenn sie sich nicht gleich öffnen lässt, weil sie zugesperrt ist oder so schwer, dass wir viel mehr Energie brauchen als erwartet, um sie zu öffnen? In jedem Fall leistet die Tür durch ihr Gewicht, durch ihren (momentanen) Ruhezustand einen gewissen Widerstand, der überwunden werden muss, damit wir »rüberkommen«, d.h. die Tür öffnen können. Wir erwarten, dass wir hinter der Tür das finden, was wir hinter ihr erwarten, und sind überrascht, wenn etwas völlig anderes dahinter ist. Genauso ist es auch im ganz normalen Leben: Wir erwarten gewisse Entwicklungen als ganz selbstverständlich und sind überrascht, wenn z.B. die Marktsituation eine andere ist, wenn der Kollege anders reagiert, wenn überhaupt anders reagiert wird, als wir es erwartet haben, einfach weil alles gleichzeitig in einem Netz von Beziehungen steht, die wir nicht kennen oder nicht bedacht haben. Das heißt, wir sind glücklich durch die Tür gekommen, wir haben Erfolg gehabt. Aber der nächste Schritt, die nächste Herausforderung steht schon wieder vor uns. Dennoch bleibt es dabei: Jedes kleine Ziel, das wir erreichen, ist ein Erfolg, und die alltäglichsten Betätigungen können einen erfolgreichen Tag ausmachen.

Wir bleiben bei dieser Erkenntnis aber nicht stehen. Dieses Buch beschreibt Körpersprache als Mittel zum Erfolg, und das heißt, Erfolg durch Kommunikation. Es geht also darum, durch Kommunikation Ziele zu erreichen. Zuallererst gilt es, das Beziehungsnetz wahrzunehmen und zu erkennen, dass wir nicht alleine da sind. Um sich innerhalb dieses Netzes richtig bewegen zu können, um auf die unterschiedlichen Reaktionen anderer in diesem Netz eingehen zu können, sind wir auf ein Feedback der anderen auf unsere Aktionen angewiesen. Darüber hinaus ist unsere Fähigkeit und unsere Bereitwilligkeit gefragt, unsererseits auf dieses Feedback der anderen zu reagieren, die aus ihrem eigenen System heraus unseren Aktionen begegnen. Alles das beherrschen wir nicht von selbst, es lässt sich lernen und sollte gelernt sein, wenn wir erfolgreich sein wollen. Das heißt: Wir müssen lernen, das eigene System und seine Wirkung auf uns selbst und auf andere zu verstehen und zu beherrschen.

Um der Bedeutung von Begriffen auf die Spur zu kommen, lohnt es sich fast immer, sich das Wort in verschiedenen Sprachen anzusehen. Im Englischen heißt Erfolg *success.* Doch interessant wird es erst in der Verbform *succeed. To succeed* heißt weiterzugehen, ähnlich wie das deutsche Wort ›folgen‹. Unterstellen wir einmal, dass der Begriff ›Erfolg‹ von folgen kommt. Es hieße dann: Ich folge meinem Ziel, ich folge einer Entwicklung. In der Konsequenz bedeutet das, sich von Punkt zu Punkt weiterzuentwickeln, was mit einiger Sicherheit zum Erfolg führen wird. Im Deutschen heißt das Verb ›Erfolg haben‹, und damit wird ein Besitzstand angezeigt, jedoch anders als bei *succeed* kein dynamischer Prozess. Im Hebräischen heißt das Wort für Erfolg *hazlacha.* Der Wortsinn führt auf ›überqueren‹ zurück, also eine Art von Flussüberquerung. Mir gefällt diese Beschreibung von Erfolg sehr gut, weil das Überqueren eines Flusses von einem zum anderen Ufer den Erfolg in sich birgt. Es ist also ein dynamisches Wort. Eigentlich handelt es sich um eine doppelte Dynamik. Der Fluss, den ich überquere, ist ja selbst ein dynamisches Element, das mich dennoch nicht hindert, von Punkt A zu Punkt B zu gelangen, meinem eigentlichen Ziel. Dieses Ziel heißt immer, ein anderes Ufer, ein neues Land, also Neuland, zu betreten, also stets bereit zu sein, den Sprung ins Unbekannte zu wagen, die Gefahr einer Stagnation durch Mut zu überwinden.

Was ist Erfolg? Ein Gespräch unter Freunden

Wir waren zu viert: Tom, der Architekt; der Banker Robert; Sophie, die Chefin einer Werbeagentur und ich. Wir saßen bei einem Glas Wein zusammen und das Gespräch berührte viele Themen, bis es sich auf ein ganz bestimmtes konzentrierte. Irgendwann war das Wort ›Erfolg‹ gefallen, und wir wären auch darüber hinweggegangen, wenn Sophie an dieser Stelle nicht eingeworfen hätte: »Was ist eigentlich Erfolg?« Nun waren wir alle vier Leute, denen man ohne Weiteres zugestanden hätte, dass sie Erfolg haben, Anerkennung empfangen und mehr oder weniger auch mit sich selbst zufrieden sind. Doch damit wollten wir uns nicht begnügen. Jetzt wollten wir es genau wissen.

Meine drei Freunde wandten sich an mich und sagten: »Du hast als Personality Coach Erfahrung darin, die Leute auf Erfolgskurs zu bringen. Was kannst du uns darüber sagen?« Ich gab die Frage zunächst an Tom, den Architekten, zurück: »Tom, du hast Erfolg im Beruf und im übrigen Leben. Was bedeutet für dich Erfolg? Oder erst einmal, was ist nach deiner Meinung Erfolg?« Tom überlegte, schließlich meinte er, Erfolg habe etwas mit Begabung zu tun. Wenn jemand begabt sei, werde er wahrscheinlich auch Erfolg haben, da ihn seine Begabung von den anderen abhebt und vor den anderen auszeichnet. »Wer sich seiner Begabung nicht ganz sicher ist«, fügte ich hinzu, »der achte einmal darauf, was die anderen besonders an ihm schätzen. Das nämlich gehört mit Sicherheit zu seinen Begabungen. Vielleicht ist es ja seine Ruhe und Überlegtheit, vielleicht seine Schnelligkeit und Entschlossenheit, vielleicht sein Verhandlungsgeschick.« Robert, dem Banker schien das alles nicht auszureichen. »Nun ja«, sagte er, »das ist ja schön und gut. Aber Begabung allein ist nicht genug. Sie muss angewandt werden, sie stellt höchstens ein Material dar, aus dem man etwas machen muss, um – und das ist wichtig – ein bestimmtes Ziel zu erreichen. Für den Künstler in dir heißt das wahrscheinlich, einem vorhandenen Stoff eine Form zu geben, ein Haus zu bauen, ein Bild zu malen, eine Skulptur zu schaffen, eine Musik zu komponieren. Immer handelt es sich darum, vorhandene Komponenten kraft einer Begabung in ein Produkt zu verwandeln, das es so noch nicht gegeben hat. Das würde ich auf jeden Fall einen Erfolg nennen, umso mehr, wenn er auch noch die Anerkennung anderer findet.« Sophie, die einzige Frau in unserer Runde, suchte die Erklärung von Erfolg in einer anderen Sphäre. »Zum Erfolg gehört eine Art von persönlichem Magnetismus. Erfolgreiche Menschen besitzen magnetische Kräfte. Sie ziehen Menschen, Dinge und Ereignisse an, und so geht nichts an ihnen vorbei.« Tom und Robert fanden den Gedanken gar nicht schlecht. Aber war Magnetismus nicht nur eine mögliche Komponente unter anderen? Ein Magnet ziehe zwar etwas an, verwandle aber nichts. Verwandlung aber sei das eigentliche Stichwort für Erfolg. Ohne Aktion gehe gar nichts. Erfolg stelle sich nicht von selber ein.

»Heißt das«, fragte ich, »wer kein Ziel hat, kann auch keinen Erfolg haben?« Genauso nämlich ist es. Wir brauchen ein Ziel, und dieses Ziel muss zunächst vor allem einmal genau definiert werden. Um dieses definierte Ziel schließlich zu erreichen, benötigen wir die entsprechenden

Die Gesprächsrunde (v.r.n.l.): Robert, Samy, Sophie und Tom
Ein Gespräch läuft nur flüssig und schön, wenn auch Humor und Lockerheit dabei sind. Hier lachen wir alle von Herzen über eine Bemerkung Toms, wobei unübersehbar ist, dass Robert auch beim Lachen nicht ganz aus sich herausgehen kann. Er hält sein Lachen ein wenig zurück.

Mittel. Dazu gehören Begabung, Idee und Materialien. Diese drei Grundvoraussetzungen bleiben auf allen Feldern von Betätigung gleich. Die Begabung mag eine künstlerische sein, eine analytische, mathematische, ökonomische, kommunikative oder auch sportliche. Begabung ist der Ausgangspunkt für den Erfolg. Mindestens genauso wichtig ist die Idee. Sie gibt in allen Fällen das Ziel vor; und die Materialien, sie müssen dem geistigen Vorsatz angepasst sein. Aber reicht es aus, durch Begabung, Idee und Material ein Werk, ein Produkt zu schaffen, um von Erfolg zu sprechen? Fehlt nicht noch eine wichtige Komponente, nämlich die Anerkennung von außen? Sophie, die von Berufs wegen mit der Darstellung von Produkten zu tun hat, neigt dieser Auffassung uneingeschränkt zu. Erfolg bedürfe der Anerkennung. Von Erfolg ließe sich überhaupt nur reden, wenn das Produkt, wenn das Werk, das einer schafft, von irgendjemand gebraucht, sein Nutzen oder seine Gültigkeit bestätigt werde. »Worin liegt der Sinn«, fragte sie uns, »wenn nicht jedenfalls einer brauchen kann oder schön oder vielleicht bewundernswert findet, was ich gemacht habe?«

Oder liegt der Sinn im Werk selbst oder sogar allein in der Tatsache, dass wir etwas zu Ende gebracht, beendet, vollendet haben? Es kommt natürlich vor, dass einer zufrieden damit ist, das Ziel, das er sich selber gesetzt hat, erreicht zu haben. Aber wir sprechen nicht von Zufriedenheit, sondern von Erfolg, und deshalb neige ich Sophies Meinung zu. Der Erfolg sucht die Anerkennung von außen. Worauf ich hinauswill, ist ein gewisser Anspruch, den ich mit dem Wort Erfolg verbinde. Erfolgreich zu sein, heißt für mich, etwas angestoßen, in Bewegung gesetzt zu haben. Zum Erfolg gehört Entfaltung und Bewegung, gehört ein noch so kleiner prozessualer Akt.

Zum Beispiel das Samenkorn

In der Erde liegen unzählige Samenkörner und bei Weitem nicht alle schaffen es, die Schale zu sprengen, die sie umhüllt, schützt und gleichzeitig hemmt. Es kommt nun darauf an, zum richtigen Zeitpunkt den Widerstand zu brechen, der sie zurückhält, und wenn das gelungen ist, die gewachsene Energie durch das Erdreich ans Tageslicht zu befördern.

Selbst der geringste Widerstand muss genutzt werden, damit die feinen biegsamen Keimblätter hinaufgelangen können. Die Pflanze hat es geschafft. Hat sie damit auch schon Erfolg? Jedenfalls ist die für sie von der Natur vorgesehene Geschichte noch lange nicht zu Ende. Unsere Pflanze beginnt zu wachsen, und die nun entstehende neue Situation stellt sie vor neue Probleme. Da gibt es Tiere und andere Pflanzen, die sie in ihrer Entwicklung hemmen können. Also muss unsere Pflanze Kreativität entwickeln, muss sich stärken, muss sich entwickeln, und wenn sie das schafft, kann sie in einen dynamischen Prozess eintreten, der sie von Punkt zu Punkt zum Erfolg führt. Ich will damit sagen, dass der Erfolg einer Leiter gleicht, deren einzelne Sprossen bereits einen Erfolg in sich tragen. Und genau diese Tatsache gibt mir die Kraft, auch die nächste Sprosse zu erreichen. Es muss allerdings noch das Gespür oder die Ahnung für den richtigen Zeitpunkt hinzukommen, um erfolgreich zu sein. Unsere Pflanze unterliegt diesen Gesetzen genauso wie wir, auch wenn sie von Erfolg und Anerkennung nichts weiß.

Tom (r.) schaut mich etwas skeptisch an, während ich versuche, verschiedene Aspekte des Themas Erfolg aufzuzeigen. Was ich sage, wird durch die Sprache meiner Hände deutlich: Es gibt die eine, aber auch die andere Möglichkeit.

Die ›erfolgreichen‹ Verführer

Freund Tom holte uns etwas gewaltsam in die Menschenwelt zurück: »Apropos Anerkennung«, sagte er, »wie steht es denn mit dem Erfolg von Terroristen und Diktatoren? Kann man als Erfolg anerkennen, was sie tun? Jeder kennt die Namen von Gewaltverbrechern und Gewaltherrschern, kennt ihre Taten. Muss man nicht sagen, dass sie ihre Ziele zwar mit Gewalt, aber jedenfalls anfänglich mit Erfolg durchgesetzt haben?«

Ein schwieriges Thema, zumal Terroristen unter den eigenen Leuten natürlich Anerkennung finden und ganze Völker Gewaltherrschern geradezu nachgelaufen sind, weil sich der Einzelne Vorteile versprach, sie also die Zustimmung der Menschen und manchmal leider auch der Welt besessen haben. Aber, wie man sagt: Abgerechnet wird am Schluss. Die eigenen Völker erfahren es immer, wer sie in Unheil getrieben hat. Die Taten ihrer Verderber gehen eben nicht als Erfolge, sondern als Verbrechen in die Geschichte ein.

Das Problem der Verführung spielt ja auch im alltäglichen Leben eine bedeutende Rolle, und es geht dabei immer um die Hoffnung auf Erfüllung geheimster Wünsche. »Ja, ganz richtig«, rief Robert, der Banker, »the

Im Einklang

fullfillment of your own expectations! Von da aus ist es nicht weit bis zum »Selffullfilment«, und das heißt doch, dass du selbst deine Erwartungen für erfüllt hältst, ohne dass dir dafür eine Anerkennung von außen nötig erscheint. Wer seine Erwartungen an sich selbst erfüllt, wird sich wahrscheinlich für erfolgreich halten. Das kann es aber doch nicht sein.«

Mir fiel dazu ein, dass es auch das glatte Gegenteil dazu gibt, Menschen nämlich, die von ihrer Umgebung mit Anerkennung überschüttet werden, jedoch mit sich selbst und ihrer Leistung unzufrieden sind. Alles Lob und alle Anerkennung kann sie nicht von ihrer Überzeugung abbringen, dass sie die Erwartungen an sich selbst eben nicht erfüllt haben. Es kommt wohl doch auf eine Balance an zwischen der Zustimmung von außen und einer inneren Harmonie, dem Gefühl, den eigenen Erwartungen entsprochen zu haben, wenn man von Erfolg sprechen will.

Fundamente des Erfolgs

Das Gespräch sprang jetzt von einem Thema zu anderen. Robert kam noch einmal auf die Voraussetzungen von Erfolg zurück. Brauche man eigentlich eine gewisse Kultur zum Erfolg, brauche man Wissen? Er kenne genug Leute, die das Wissen oder die Kultur anderer benutzten und auch ihre Ideen, und eben dadurch erfolgreich sind.

Robert hatte damit ein wichtiges Thema angesprochen, typisch für die Stellung des Einzelnen auf der Erfolgsleiter. Ich erinnerte die Freunde daran, dass unter den drei Grundbedingungen dafür, Erfolg zu haben, die Begabung am Anfang steht. Menschen, wie sie Robert schilderte, nutzen in der Tat die Ideen und das Wissen und die Fähigkeiten anderer, und zwar aufgrund einer besonderen Begabung. Sie besitzen die Begabung zur Vision. Eine Vision ist die Vorstellung von etwas, das es noch nicht gibt, und der unbedingte Wille, dahin zu gelangen. Wenn solche Menschen sich dann auch noch eingestehen, dass sie ihre Vision allein nicht verwirklichen können, sondern andere dazu brauchen, deren Ideen und Wissen dazu beitragen können, das Ziel zu erreichen, dann stehen diese Menschen zu Recht ganz oben auf der Erfolgsleiter. Wenn es ihnen dann noch gelingt, die Kreativität der Mitarbeiter zu erhalten und zu steigern, und sie auf das Feedback der Fachleute hören, sich vielleicht sogar auf dem Weg zum Ziel von ihnen korrigieren lassen, also deren Überlegenheit in Sachfragen anerkennen, dann könnte der Erfolgsweg solcher Visionäre zu jenem Prozess werden, der zum Wandel der Welt positiv beitragen kann.

IQ oder EQ?

Als PR- und Werbe-Expertin schätzt Sophie die Wegmarken der Motivations-Psychologie. »Sprechen wir doch einmal darüber, was wichtiger ist für den Erfolg: Intelligenz oder Gefühl, anders ausgedrückt IQ oder EQ, also Intelligenzquotient oder Emotionquotient …« »Bitte noch einmal für Anfänger!« Robert war ein Skeptiker gegenüber allen Spielarten populärer Psychologie unserer Tage. Aber Sophie ließ sich nicht aus dem Konzept bringen: »Bei jedem motivierenden Umgang mit Menschen spielt das Gefühl, also nicht das, was wir über die Menschen wissen, sondern das, was wir von ihnen erspüren, die Hauptrolle. Außerdem wollen Menschen nicht nur geschätzt, sondern angenommen sein. Denn genau das erweckt in ihnen ein Gefühl von Integriertsein und sie gewinnen damit eine der

Hier ist zu sehen, wie Tom ganz rational versucht, etwas »in den Griff« zu bekommen.

ganz wichtigen Voraussetzungen für jeden Erfolg. Nicht angenommene Gefühle belasten das Selbstgefühl und verhindern den möglichen Erfolg.«

»Was die Menschen fühlen«, erwiderte ich, »genau das drückt ihre Körpersprache aus. Denn Gefühlszustände können uns öffnen oder blockieren, sie produzieren zum Beispiel Angst, Fluchtreaktionen, Ausweichen und führen damit weit weg von dem gewünschten rezeptiven Verhalten. Alle negativen Gefühle, die uns überfallen – wir fühlen uns unterschätzt, beleidigt, weil der andere sich nicht wirklich für uns interessiert oder jedenfalls nicht für das, was wir sagen –, alle solche Irritationen schaffen Blockaden. Das aber heißt, dass von diesem Moment an unser rezeptives Verhalten massiv gestört ist. Der Informationsfluss zwischen Sender und Empfänger ist unterbrochen. Ich gehe also davon aus, dass Erfolg von der Fähigkeit abhängt, einen emotionalen Zugang zum Partner zu bekommen und zu erhalten. Denn der Schlüssel zu meinem Erfolg liegt auch darin, ob ich in der Lage bin, Menschen zu motivieren. Das jedoch funktioniert grundsätzlich nur dann, wenn ich nicht nur die eigenen Ziele kenne und ernst nehme, sondern auch die der anderen. Jedenfalls muss ich glaubwürdig machen, dass auch seine Erwartungen sich erfüllen werden, wenn er sich mit mir verbündet. Kurzum: um andere zu gewinnen, ist es nötig, sich in sie hineinzuversetzen, zu versuchen, ihre Wünsche und Sehnsüchte zu erfahren und zu verstehen, herauszubekommen, was sie motiviert, was sie treibt oder hemmt. Habe ich das herausgefunden, kann ich mich fragen, wie ich ihre Hemmungen aufheben kann, damit sie mit mir im gleichen Rhythmus weitergehen auf dem Weg zum Erfolg.

Erfolg ist kein Besitzstand

Erfolg, so viel sollte klar geworden sein, ist kein Besitzstand, kein statisches Lebenselement, sondern befindet sich immer im Fluss, immer in dynamischer Bewegung. Erfolg ist auch keine Kreisbahn, die sich in sich selbst bewegt. Ich vergleiche seine Bewegung mit der einer Spirale, die immer weiter hinauf wachsen will und nie eine Ende hat. Allerdings müssen wir dieser Spiralbewegung Stationen geben. Denn ohne das Feedback, eine neue Stufe auf der Bahn nach oben erreicht zu haben, würde die Motivation erschlaffen. Also sollten wir für uns selbst und für mögliche Gefährten auf jedem Erfolgsweg Zwischenstufen markieren. Kürzere Wegstrecken von Zwischenziel zu Zwischenziel, das weiß jeder Wanderer, geben neue Luft für den weiteren Anstieg. Ein Ziel erreicht zu haben, und sei es nur ein Zwischenziel, wirkt bereits wie eine Belohnung und stärkt den Willen weiterzumachen, den eigenen Kraftreserven mehr abzuverlangen, als es unserem gewohnten Rhythmus entspricht. Jeder kann über seine erprobten Kräfte hinausgehen. Es gilt der Spruch: Wenn du glaubst, nicht weitergehen zu können, bleib dran, und du wirst sehen, dass du es kannst. Es bedarf jedes Mal nur einer kleinen Überwindung, damit die Müdigkeit verfliegt. Die Energiereserven unseres Körpers sind enorm, wenn wir verstehen, sie zu wecken. Dazu aber bedürfen wir der Motivation.

Wer andere motivieren will, muss eine Kraft und einen Enthusiasmus ausstrahlen, von denen die anderen schlicht angesteckt werden. Wie ein großer Fluss oder ein starker Sturm muss diese Kraft die Partner mit sich ziehen, muss Reserven freimachen, von denen sie bis dahin nichts wussten. Genau dieses Erlebnis wird sie begeistern: »Das alles vermag ich also

Erklärend, aber mit Selbstbehalt

zu leisten!« Ihre Alltagsnorm hätte sie nie so weit kommen lassen, hätte diese Kräfte niemals frei werden lassen. Nur die Herausforderung, die Begeisterung führten die Menschen bis an ihre Grenzen und darüber hinaus, so wie es das Wort *hazlacha* meint: »Über den Fluss gehen«, die Grenze überschreiten.

Eine Vision, die Leidenschaft, mit der wir an ihr hängen, mit der wir ihr folgen, trägt uns über die Grenzen. Wer nicht an seine Vision glaubt, wird sie nicht realisieren. Glauben verlangt keine Tatsachen. Eine Vision lässt sich auch nicht durch den intellektuellen Zweifel besiegen, wenn Glauben und Enthusiasmus sie beflügeln. Logik hin oder her. Die sachliche Überprüfung einer Vision stößt an ihre Grenzen, weil sie das unkalkulierbare Element jeder Idee nicht erfassen kann und stets im Altbekannten stecken bleibt.

Der Zeitfaktor

Der Bauer spürt dem Samenkorn nicht nach, das er in die Erde legt. Er lässt es reifen und vertraut, allerdings aus langer Erfahrung, dem Akt der Fruchtbarkeit. Es gilt, soll dieses Beispiel sagen, dem selbstständigen Pro-

Robert hört konzentriert zu, aber seine Hand ist noch ganz locker. Er weiß noch nicht, wie er zu dem Gehörten Stellung nehmen soll.

zess, den das eigene Handeln in Gang gesetzt hat, Zeit zu geben. Natürlich wird unser Bauer alle Umstände und Anzeichen beobachten, die den Vorgang des Werdens und Wachsens begleiten: Trockenheit oder Nässe, Kälte und Hitze. Er wird den Zeitfaktor einkalkulieren, und wenn wir ›Zeitfaktor‹ sagen, meinen wir, Geduld haben. Alle Dinge brauchen Zeit, sich zu entwickeln, und sie brauchen noch einmal Zeit, um zu wirken. Der Klang einer Stimme, der Strahl des Lichts, alles was einen Weg zurückzulegen hat, braucht seine Zeit. Wer den beschriebenen Prozess unterbricht, hat den lebenswichtigen Zeitfaktor nicht einbezogen und verhindert den erfolgreichen Prozessverlauf.

Es gilt also ganz grundsätzlich, den Dingen Zeit zu geben, damit sie ihre Wirkung entfalten können. Solange stellt sich uns die schwierige Aufgabe, zu warten und an unsere Vision zu glauben.

Nur wer selber an eine, seine Sache glaubt, wird auch überzeugen können. Erfahrung stützt diesen Glauben, aber Erfahrung hat mit Vergangenheit zu tun, Glauben mit Zukunft.

»Das klingt ja alles sehr schön«, sagte Robert, unser Skeptiker, »aber ich verlasse mich doch lieber auf meine Erfahrung. Sie hält mich auf sicherem Boden. Ich habe genug Menschenkenntnis, jede Menge Erfahrung in meinem Beruf und kenne den Markt. Darauf verlasse ich mich.«

Sophie dagegen machte sich zu meinem Anwalt: »Jetzt sage *ich*: ›Alles schön und gut!‹ Gewiss kann Erfahrung dem Erfolg dienen. Wenn ich

Sophie, leicht zurückgelehnt, fragt: »Und wie ist das bei uns Frauen?« Der Blick ist fragend, sie sitzt offen und entspannt, aber sie erscheint abwartend.

mich aber allein auf meine Erfahrung verlasse, mache ich keinen Schritt nach vorn. In der Zukunft aber liegen die Faktoren, die ich heute noch nicht berücksichtigen kann. Deshalb ist es so wichtig, seine Antennen auszufahren und auf das Gefühl aus dem Bauch zu achten, um blitzschnell reagieren zu können.«

Auch meiner Ansicht nach ist schnelles Reagieren wichtig. Es setzt vor allem Lockerheit, Beweglichkeit voraus. (Wenn mein Kopf sich nicht bewegt, sehe ich nicht, was rechts und links ist.)

Wie wichtig es ist, nicht allein das Ziel im Auge zu haben, sondern darüber hinaus alles, was dieses Ziel beeinflussen könnte, wird uns in diesem Zusammenhang unaufhörlich beschäftigen. Die beschriebene körperliche Lockerheit ist kein Selbstzweck. Sie geht Hand in Hand mit einer Lockerheit des Geistes, die uns überhaupt erst fähig macht, das Unerwartete zu sehen und mit Optionen umzugehen.

Tom nahm es humoristisch: »Ja, sich auf seine Erfahrungen zu verlassen, heißt, in der eigenen Sauce zu schmoren. Und wenn lange genug in der eigenen Sauce geschmort wird, verdampft die Sauce, und wir sitzen auf dem Trockenem. Aber im Ernst: die Ressourcen gehen uns aus, wenn wir uns nicht bewegen, wenn wir in der Sauce sitzen bleiben. Das Unbekannte muss uns interessieren. Wir müssen unsere Neugier pflegen. Das ist es!«

»Stimmt«, sagte ich, »Neugierig zu sein heißt rezeptiv sein. Wer neugierig ist, Unbekanntes in den Blick zu nehmen, Möglichkeiten, die auf den ersten Blick unlogisch erscheinen, in seine Erwägungen aufzunehmen, vergrößert seine Chancen. Neugierig zu sein, fördert die Bereitschaft zu lernen und ein Risiko auf sich zu nehmen, einen Schritt auf unbekanntes Terrain zu tun. Und solche Risikobereitschaft kann sich als ein wesentlicher Schritt auf dem Weg zum Erfolg erweisen.«

Nach den Sternen greifen?

Robert war offensichtlich noch nicht zufrieden mit der Behandlung des Themas Visionen. Ob es nicht gefährlich sei, sich auf eine Vision zu verlassen, fragte er, die sich doch sehr leicht als Illusion herausstellen könne. Wie weit könne man sich auf ein Feld hinauswagen, das nicht von der Logik her zu bestimmen sei?

»Die Vision«, entgegnete ich ihm, »bedarf keiner Logik. Logik, bei allem Respekt, begrenzt unsere Vorstellungskraft. Eine Vision fordert von uns den Mut, nach den Sternen zu greifen. Wie viele Visionen unserer Vorgänger sind inzwischen Realität geworden! Der Traum vom Fliegen war einmal eine solche Vision, von der wir Heutigen nicht mehr zu träumen brauchen, um nur ein Beispiel von Visionen zu nennen, die alltägliche Wirklichkeit geworden sind. Das Internet, das weltweite Informationsnetz unserer Zeit, war einmal eine Vision. Visionen bleiben, weit über allem logischen Bewusstsein, die Sterne über unserer realen Welt. Martin Luther Kings »I have a dream!« behält seine Gültigkeit für alle, die an einer Vision festhalten, auch wenn alle anderen nicht für möglich halten, was ihnen als unlogisch erscheint, was ihrer Erfahrung nicht entspricht. Allerdings sollte die Vision einen Standpunkt haben, von dem sie ihren Ausgang nimmt. Körpersprache kann uns helfen, den Standpunkt als etwas Erfahrbares zu erkennen. Wie fasse, wie erzeuge, wie erlebe ich einen Standpunkt? Denn ohne Standpunkt schwebe ich, und Schweben hat keinen Anfang und damit kein Ziel. Wahrscheinlich lässt sich eine Vision überhaupt nur von einem Standpunkt aus entwickeln, wenn sie zu einem Ziel und damit zum Erfolg führen soll. Irgendjemand hat das einmal sehr schön formuliert: ›Willst du deine Träume realisieren, heißt der erste Schritt: Wach auf!‹

Wenn Robert fragt, ob es nicht gefährlich sei, sich der eigenen Begeisterung für eine Vision zu sehr hinzugeben und ob man unter diesen Umständen nicht allzu leicht unbedachte und unkontrollierte Schritte tun werde, so kann ich ihm nur Recht geben. Diese Gefahr besteht! Zwar spielt Enthusiasmus eine wichtige Rolle, dabei bleibe ich, denn ohne Begeisterung entfaltet sich keine Energie. Aber sie darf uns nicht daran hindern, wach zu bleiben. Damit bin ich wieder beim Standpunkt und seiner Bedeutung: Wir müssen uns stets bewusst bleiben, wo wir stehen. Bodenkontakt ist wichtig für die Orientierung, aber er darf uns nicht daran hindern, unserer Vision zu folgen, auch wenn sie ins Unbekannte führt. Die Furcht vor höheren Zielen lähmt den Erfolgswillen. Der Berg sollte uns keine Angst machen. Was uns ängstlich macht, ist nämlich nur der Schatten, den er wirft. Dieser Schatten lässt sich nicht bezwingen. Den Berg selbst können wir Schritt für Schritt ersteigen. Nur wer den Gipfel erreicht, wird erfahren, was sich hinter ihm verbirgt. Visionen finden ihren Weg. Begeisterung setzt zusätzliche Energien frei, die uns nicht ohne Weiteres zur Verfügung stehen. Unser leidenschaftlicher Wille motiviert und aktiviert Ressourcen in uns selbst und bei den anderen. Ist es zu viel gesagt, wenn ich diesen Prozess mit dem Liebesakt vergleiche? Er lässt sich auch ohne Leidenschaft vollziehen, doch wird kein wirklicher Höhepunkt erlebt werden. Aber im Ernst: Bin ich selbst ohne Begeisterung und Liebe für die Sache, warum sollten sich andere für meine Idee begeistern?

Jakobs Traum

Die Begriffe ›Idee‹ und ›Begeisterung‹ lassen mich an den biblischen Traum, Jakobs Traum, denken. Sein Kopf lag auf einem Stein, und er träumte, dass über ihm die Engel auf einer Leiter hinauf zum Himmel und hinab zur Erde stiegen. Ich war, als ich die Geschichte zum ersten Mal hörte,

noch ein kleiner Bub und fragte den Rabbi: ›Rabbi, wir wissen doch, dass Engel Flügel haben, wozu brauchen sie eine Leiter?‹ Der Rabbi antwortete: ›Damit du lernst, dass sogar die Engel eine Sprosse nach der anderen nehmen müssen, um in den Himmel zu gelangen.‹ Auch wir können, wenn wir einer Vision folgen, keine Stufe auslassen. Das heißt, sich jederzeit bewusst zu machen: Wo stehe ich? Wohin setze ich meinen Fuß? Was sind meine Optionen? Die nicht nachlassende Begeisterung dagegen brauche ich, um auch bei Rückschlägen weiterzumachen. Was hilft mir, wenn ich Schmerzen habe? Es ist die Zuversicht, dass sie vergehen werden. Ich sagte schon, dass unsere Begeisterung für eine Sache auch die anderen motiviert. Die Idee allein, ohne solche totale Hingabe, wird mir nicht weiterhelfen, zumal, wenn ich begriffen habe, dass ich allein meine Vision nicht erfüllen kann, wenn ich die Ausführung vielleicht sogar ganz in andere Hände geben muss. Denn diese anderen wollen gefunden und begeistert werden. Am Ende wird es in diesem Fall allerdings nicht wie mein Erfolg aussehen. Aber ich habe kraft meiner Begeisterung dafür gesorgt, dass meine Idee umgesetzt wurde, und das ist dann mein Erfolg.«

»Kannst du so viel Bescheidenheit aufbringen?« Robert sah mich zweifelnd an. »Wer sich so sehr begeistern kann, ist der nicht auch besonders verletzlich? Sensible Menschen nehmen alles gern persönlich. Wird einer, der seine Idee ganz aus der Hand geben muss, nicht furchtbar leiden, wenn er sieht, wie andere den Erfolg einstreichen?«

Große Hoffnungen und tiefe Enttäuschung

Ich konnte ihm nur zustimmen. »Natürlich«, sagte ich, »nehmen wir alles, was uns leidenschaftlich beschäftigt, auch sehr persönlich. Es ist schwierig, zwischen der Idee und der eigenen Person zu unterscheiden. Ja, unsere Begeisterung für eine Idee, für ein Projekt macht uns mit Sicherheit persönlich verletzlich. Damit befinden wir uns übrigens in guter Gesellschaft. Viele Visionäre fanden zu ihrer Zeit keine Anerkennung und haben enttäuscht reagiert. Aber fast alle haben ganz klein angefangen und groß geträumt. Erfolg in unserem Sinne heißt, etwas zu wagen, das eigentlich über unsere Kräfte geht. Der Mut, über die Konvention, über das hinauszugehen, was als normal gilt, gehört unbedingt zu dieser Art von Erfolg. Der Visionär muss lernen, den Spott der selbst ernannten Realisten zu ertragen, wenn etwas schief geht. Er muss die Stärke besitzen, Misserfolge in Kauf zu nehmen und unverdrossen weiterarbeiten, im Notfall bedeutet das, wieder von vorne anzufangen. Verletzlich sein? Ja. Wer sensibel ist, wird auch verletzlich sein, aber gleichzeitig offen und aufnahmebereit. Er wird offen sein für Stimmungen, für die Atmosphäre eines Augenblicks. Schauspieler zum Beispiel müssen als Menschendarsteller eine solche extreme Offenheit entwickeln, müssen ihre Gefühle nach außen wenden. Gelingt es ihnen dabei nicht, zwischen der eigenen Person und der auf der Bühne zu verwirklichenden Seelenstimmung der Figur zu unterscheiden, werden sie sich selbst überfordern und unter einen permanenten Stress geraten. Ganz ähnlich geht es Führungskräften der Wirtschaft, die nicht

von sich selbst absehen können, also alles, was geschieht persönlich nehmen. Häufig sollen Alkohol und andere Drogen über den Stress hinweghelfen. Die Lösung des Problems liegt darin, persönlich zu sein, die Dinge ›zu seiner eigenen Sache zu machen‹, aber eben zur Sache und nicht jedes Mal zum Entscheidungsfall für den Wert der eignen Person. Das gelingt nicht allen und jedem, und die Konsequenz ist, dass diese Menschen ›zumachen‹, sich verschließen.«

Von der Nachhaltigkeit des Erfolgs

Meine drei Freunde hatten nun lange genug geschwiegen und mir zugehört, jetzt wurden sie unruhig. Sophie fand als erste Worte für ihre Zweifel. »Gehen die Wogen nicht doch ein wenig hoch in deinem Plädoyer für den Enthusiasmus des Erfolgsmenschen?«, fragte sie. »Malst du ihn dir nicht zu schön in seiner fast selbstlosen Zielstrebigkeit? Mein Bild von den Erfolgreichen sieht leider nicht ganz so freundlich aus. Ist nicht häufig Rücksichtslosigkeit die Mutter des Erfolgs?« Tom blies ins selbe Horn: »Man denke nur an die Bosse, die ungerührt Leistung von ihren Mitarbeitern verlangen, ohne sie und ihre Bedürfnisse überhaupt wahrzunehmen.«

»Langsam«, ließ sich nun Robert vernehmen, »wer will denn diese Bosse noch erfolgreich nennen? Diese Art von Erfolg hat eine verdammte Ähnlichkeit mit einem Pyrrhussieg. Was eben noch wie ein Erfolg aussah, wird kurz darauf zur Niederlage.«

Das war auch meine Meinung. Überhaupt handele es sich bei einem Erfolg, der diesen Namen verdiene, um nachhaltigen Erfolg, also um ein weiterführendes Element. »Wer als großes Tier die kleinen Tiere frisst«, sagte ich, »wird bald auf einen noch größeren Hai treffen, der ihn seinerseits fressen wird.« Zwar treffen wir im Top-Management häufig auf Menschen, die den Erfolg erzwingen wollen und nicht auf Sensibilität setzen, sondern auf bloße Macht. Diese Leute können in der Tat eine Zeit lang erfolgreich sein, werden jedoch über kurz oder lang merken, dass ihnen die begabtesten Mitarbeiter weglaufen, weil sie auf Dauer nicht bereit sind, sich bei ihrer Potenz und ihrer Ambition wie eine Zitrone auspressen zu lassen.

Man hat zu oft erlebt, dass gerade Großunternehmen mit übermäßig hartem Management scheinbar unvorhergesehen zusammenbrechen. Einigen Managern dieser Spezies gelingt es, kurz vor dem Niedergang abzuspringen, um noch in der Erfolgsphase in einen neuen Job zu wechseln. Der kurzfristige Erfolg ist ihr Markenzeichen. Doch was sie hinterlassen, ist verbrannte Erde. Was bleibt einem in der Hand, der eine Zitrone mit ganzer Kraft ausdrückt? Eine trockene, um nicht zu sagen ausgelutschte Schale. Das kann unser Ziel nicht sein. Erfolg, wie wir ihn suchen, soll im Gegenteil fruchtbar sein. Der wahre Erfolgsmensch macht seine Konkurrenten und Gegner von gestern zu seinen Kunden von morgen, so dass sie schließlich mit ihm gemeinsam an einem noch größeren Erfolg arbeiten. Dazu ist Menschenkenntnis nötig, und zu ihr verhilft uns die Kenntnis der Körpersprache. Erfolg hat mit Menschen zu tun.

Die innere Balance und die Außenwelt

Das Miteinander von Menschen ist also unser Thema. Wie steht es mit unseren Beziehungen zu den andern? Eine Frage, die sich erst beantworten lässt, wenn wir über die Beziehungen, die wir mit uns selbst unterhalten, Bescheid wissen. Das mag vielleicht zunächst etwas befremdlich klingen: Beziehungen zu uns selber. Doch sich über sich selbst im Klaren zu sein, ist die Voraussetzung dafür, mit anderen Erfolg versprechend umgehen zu können. Solange ich mir selbst nicht traue, werde ich andere nicht überzeugen können. Pflege ich gute, zuträgliche Beziehungen zu mir selbst, die mir innere Ausgeglichenheit verschaffen, werde ich auch die Ruhe finden, klar zu denken. Wenn ich weiß, wo ich bin, kann ich auch entscheiden, wohin ich gehen will. Ich werde meine Stärken und meine Schwächen, meine Vorteile und Nachteile anderen gegenüber richtig einschätzen. Nur aus einer gewissen inneren Balance heraus lassen sich Ziele festlegen, die mich der Erfüllung meiner Ideen und vielleicht sogar meiner Vision näher bringen.

Jene innere Balance teilt sich auch dem Körper mit. Fehlt die Klarheit des Denkens oder ist die innere Balance unausgeglichen, teilt sich die

Energie und der Körper ist buchstäblich hin- und hergerissen von unaufgelösten Widersprüchen, die einander bekämpfen. Auf diese Weise kann kein Team funktionieren, und der Einzelne ist in sich eine Art von Team, und zwar ein Team aus lauter Wünschen und Eigenschaften.

Ich spreche gern davon, dass wir einen ganzen »Indianerstamm« in uns haben. Schon auf dem Gang zum Zahnarzt erleben wir einen ganzen Chor von Stimmen in unserem Innern. Der Vernünftige sagt: ›Du machst es richtig. Geh nur hin! Du wirst dich sofort besser fühlen!‹ Der Ängstliche sagt: ›Was willst du da auf dem Stuhl? Du wirst noch mehr Schmerzen haben und wirst dich elend fühlen!‹ Der tapfere Indianer: ›Ein Indianer kennt keinen Schmerz!‹ Und der Skeptiker: ›Muss es überhaupt sein? Der Schmerz wird ganz von alleine weggehen!‹ Ein ganzes Indianerpalaver stürmt auf uns ein, in dem sich unsere Eigenschaften gegeneinander durchzusetzen versuchen. Wir müssen den Indianerstamm zu einem gemeinsamen Entschluss bewegen, damit das Ziel sichtbar wird und sich unsere Energien bündeln. Wenn das für die eigene Person gelingt, wird es wahrscheinlich auch mit einem Team von anderen zu schaffen sein.«

»Das hört sich, glaube ich, leichter an«, meinte Tom, »als es zu bewerk-

stelligen ist. Wer von uns lebt nicht häufig im Widerspruch mit sich selbst und kommt deshalb überhaupt nicht damit klar, eine innere Balance zu erreichen. Um das zu schaffen, müsste sich einer schon gewaltig ändern.«

»Das wird keinem von uns ganz erspart bleiben«, erwiderte ich. »Übrigens verändern wir uns ohnehin ununterbrochen, allein schon durch unsere soziale Stellung, Familie und Umwelt. Die Angst vor Veränderung aber führt zu Selbstbetrug und entfernt uns von der Gesellschaft. Dennoch wird es nicht immer so weit gehen, dass es eine Drehung um 180 Grad sein müsste. Es geht eigentlich mehr um Korrekturen, bzw. darum, Eigenschaften zu entfalten, die hilfreich sind für den Umgang mit anderen. Wir werden kein anderer, sondern wir organisieren unser inneres System optimal. Nehme ich keinen klaren Standpunkt ein, sondern renne bildlich und real hin und her, während ich mit anderen Menschen rede, überträgt sich meine Unruhe auf die anderen. Ich muss also zuerst mit mir selbst klären, warum ich hin und her renne. Welche Angst treibt mich? Welche Furcht hindert mich daran, stillzustehen und die Konfrontation mit meinem Gegenüber auszuhalten? Ist es vielleicht die eigene Idee, die mir Sorgen macht? Oder fürchte ich den Widerspruch des anderen? Sind fremde Gedanken immer feindlich? Ist Widerspruch immer kontraproduktiv, oder kann beides nicht unter Umständen mein Denken bereichern? Lerne ich, mich das zu fragen, brauche ich keine Angst vor einem Nein zu haben. Denn das Nein zu einem Gedanken kann das Ja zu einem neuen sein. Fremde Gedanken zu nutzen, ist immer eine Überlegung wert. Vielleicht weisen sie mich auf einen Denkfehler hin, und ich kann mich selber korrigieren. Ich gebe zu, schon aus Bequemlichkeit fällt es oft schwer, sich zu ändern, selbst in kleinen Dingen.«

Robert lachte. »Das erinnert mich«, sagte er, »an meine Versuche abzunehmen. Ich habe viele Diäten ausprobiert und sogar Erfolg damit gehabt und ein paar Kilo verloren. Aber die waren in kürzester Zeit wieder drauf.«

»Was du gemacht hast, war keine Veränderung, sondern Aktionismus, und obwohl du sicher gelitten hast, hast du nichts bewegt. Nein, verändere deine Einstellung zum Essen. Frag dich einmal, warum du dich so oft durch Essen belohnst? Warum begnügst du dich nicht damit, dir einfach zu sagen, dass etwas gelungen ist? Du würdest sehen, dass diese Veränderung deiner Gewohnheit auch deine Einstellung zum Leben verändert.

Denk an das, was wir über den Erfolg als dynamischen Prozess gesagt haben. Gewohnheiten halten uns fest, verführen uns zu immer neuem Konsum. Weitergehen zu können, heißt erst wirklich genießen und dabei Platz zu lassen für Neues. Wer seine Einstellung zum Essen ändert, erneuert auch seine Einstellung zum Leben und insbesondere zu seinem Körper. Essen, das will erfahren sein, ist keine Belohnung für unerfüllte Träume. Wer satt ist, will nicht Neues mehr wahrnehmen. Wer zu essen aufhört, bevor das Gefühl der Sattheit erreicht ist, bewahrt sich die Wachheit, neue Angebote wahrzunehmen, die Freude und Befriedigung gewähren, und er fühlt sich auch noch besser, da ihn die Schlaffheit der Sättigung nicht überfällt.

Veränderung ist eine Frage der Einstellung. Das gilt für das Essen, aber auch für das Arbeiten. Arbeit kann eine Quelle der Zufriedenheit und des Erfolges sein. Doch auch die Übersättigung mit Arbeit kann zur Lähmung führen, mindestens der eigenen Aufmerksamkeit für andere Herausforderungen. Wenn es gut geht, kommen wir an einen Punkt, an dem wir innehalten und uns fragen: Wozu? Ist Arbeit das Leben? Oder ist das Leben

Blicke schaffen Kontakt

nicht vielmehr ein Blumengarten voll der wunderbarsten Farben und Düfte? Natürlich sollte Arbeit zu etwas führen. Zu materiellem Erfolg zum Beispiel. Wenn meine Arbeit mir und anderen Zufriedenheit verschafft, ist sie dann nicht genug wert? Aber zu welchem Preis? Wenn ich darüber meine Freunde, meine Familie und auch meine Mitarbeiter in Wirklichkeit aus den Augen verliere, obwohl sie von meiner Arbeit profitieren, handele ich mir ein Lebensdefizit ein. Also Vorsicht!

Im Idealfall sollte meine Arbeit immer auch anderen Nutzen oder Freude schaffen. Ich meine, es ist gut, sich darüber klar zu werden, dass der menschliche Nutzen erst den Sinn eines Produktes und damit meiner Arbeit ausmacht. Sie gewinnt schon Sinn, wenn sie meinen Mitarbeitern Ziele und Herausforderungen vermittelt. Arbeit hat also eine Vielzahl positiver Aspekte, wenn wir sie nicht aus Übersättigung mit Arbeit übersehen, wenn sie auf Veränderungen eingeht und neue Ziele generiert.«

Robert unterbrach mich: »Das alles beunruhigt mich doch ein wenig, wenn ich bedenke, wie radikal sich Veränderungen auf das Leben des Einzelnen auswirken können!«

Wenn der Blickwinkel sich ändert

Veränderungen haben Konsequenzen, das ist wahr und umso mehr, als wir uns vorstellen müssen, dass wir inmitten eines riesigen dreidimensionalen Netzes leben, das wie eine Kugel beschaffen ist, durchzogen von Netzfäden, die in Tausenden von Punkten miteinander verbunden sind. Jede Bewegung in einem Faden dieses Netzes beeinflusst über die Beziehungspunkte alle anderen Netzteile. Wenn ich mir dessen bewusst bin, muss ich zuerst einmal davon ausgehen, dass die kleinste Veränderung meines Blickpunktes den Blick selbst und damit meine Einstellung zu den Dingen verrückt. Damit aber entdecke ich zugleich Optionen. Das ist eigentlich eine ganz einfache Geschichte. Nehmen wir einen simplen Gegenstand, z. B. einen Tisch. Tisch ist nicht Tisch. Ein Kind stellt sich darauf und hat ein Podium; es kriecht unter den Tisch und hat eine Höhle; es stellt ihn auf den Kopf und hat vier stattliche Säulen usw., es hat eine Wand im Rücken, wenn es den Tisch auf die Seite kippt. Alle diese Optionen lassen sich allein durch die Veränderung unseres Blickwinkels entdecken, und das ist von grundsätzlicher Bedeutung, weil es uns weiterbringt, vielleicht so weit, dass wir eine wesentliche Erfahrung machen: Wir selbst sind nun auch nicht mehr so, wie wir uns bisher gekannt zu haben glaubten. Wie weit folgen wir eigentlich nur den Erwartungen, die von außen an uns gestellt werden, und tun keineswegs das, was wir uns eigentlich vorgenommen hatten und was wir wirklich wollen? Denn in uns stecken mannigfache Optionen. Es gilt also, unser eigenes Potenzial zu entdecken, um Erfolg zu haben, herauszufinden, wo wir am besten sind und was unsere Freunde, überhaupt unsere Umgebung am meisten an uns schätzt.

Tom hatte lächelnd zugehört, als ich von der Veränderung des Blicks auf mich selbst sprach. »Ich verstehe schon«, sagte er, »aber gibt es nicht viele Leute, die Erfolg ausstrahlen, jedoch keineswegs durch Veränderung ihrer selbst, sondern durch den Wechsel ihrer Automarke. Sie haben den Volkswagen gegen den Porsche ausgetauscht und schon schaut ihnen der Erfolg aus dem Gesicht.« »Es müssen nicht immer Automarken sein«, fügte Sophie hinzu,«bei Frauen machen Modemarken den gleichen Effekt oder Schmuck oder der Besuch von In-Restaurants. Reicht das nicht, um zu demonstrieren, dass sie erfolgreich sind?«

Beide hatten recht. Es sind Zeichen des Erfolgs, die auf diese Weise gesetzt werden. Aber es handelt sich um einen Status quo. Vielleicht schafft die Demonstration von Erfolg sogar nützliche Verbindungen und trägt auf diese Weise zum Fortbestehen des Eindrucks bei. Doch die Veränderung bleibt selbstverständlich ganz äußerlich. Für den dynamischen Prozess von Erfolg sind Veränderungen nötig, die sich in uns abspielen, die das Potenzial freisetzen, das in uns steckt. Die äußeren Zeichen von Erfolg dienen nicht der Veränderung, sondern der Demonstration von Erfolg und der Einschüchterung anderer. Ein überdimensionales Büro, ein Mahagoni-Tisch, ein supermodernes Design sprechen in der Tat von Erfolg und von Macht. Das alte Rom feierte den Erfolg seiner Feldherren mit Triumphzügen und Triumphbögen. Die Renaissancefürsten bauten Riesenpaläste und förderten monumentale Kunst, die uns noch heute beeindrucken, wenn auch nicht mehr einschüchtern. Diktatorische Machthaber unserer Zeiten beeindruckten ihre Völker mit martialischen Aufmärschen und einem Meer von Fahnen.

Alles, was der puren Demonstration von Macht dient, führt unvermeidlich zu einer selten sinnvollen Konkurrenz mit anderen. Es geht dann nicht mehr um Visionen, sondern nur noch um den eifersüchtigen Blick auf den Nachbarn. Wir messen uns daran, was der andere vorzeigen kann und setzen alles daran, ihn zu übertrumpfen. Ich bin dann groß oder klein, gut oder schlecht, stark oder schwach nur im Vergleich mit meinem Nachbar. Und das soll zu Erfolg und Zufriedenheit führen?

Tom wandte sich an mich, indem er sagte: »Wir haben bisher über den Begriff des Erfolgs gesprochen, möchten aber nun etwas mehr darüber hören, was jeder selbst tun kann, um sich für den Weg zum Erfolg fit zu machen. Als Coach hast du doch Erfahrung darin!«

Auf die Feinheiten kommt es an

Körperfunktion, Körperhaltung und Körpersprache

Der Standpunkt

Wir beginnen also mit einer Reise durch unseren Körper, fragen nach dem ersten Kontakt, den wir mit unserer Umwelt haben, nach dem Magnetismus in unserem Körper, nach den Entfaltungsmöglichkeiten, die er uns gibt, nach den Wechselbeziehungen in uns und zwischen uns (unserem Körper) und der Außenwelt.

Wir stehen auf dem Boden, der uns trägt, und müssen empfinden, dass er dazu da ist, uns zu tragen. Denn wer es dem Boden ersparen möchte, ihn zu tragen, der tut dem Boden nicht gut und sich selber auch nicht. Ich will das mit einer Geschichte erläutern:

Als junger Pantomime kam ich nach Deutschland. Ich war jung und nicht daran gewöhnt, in großen Hotels zu wohnen. Beim Eintreten in die Halle eines solchen Hotels kam ein älterer Herr auf mich zu, um mir den Koffer abzunehmen. Ich ließ es nicht zu. Sollte ich junger Kerl einen alten Mann meinen Koffer tragen lassen? Also nahm ich den Koffer und trug ihn selbst die Treppen hinauf. Als ich wieder herunterkam, winkte mich der Empfangschef zu sich: »Du hast wohl gedacht, ein gutes Werk zu vollbringen«, sagte er, »aber ich werde dem Alten nun kündigen müssen. Seine Funktion war, deinen Koffer zu tragen. Wenn du nun das Gefühl hast, ihm deinen Koffer nicht überlassen zu können, weil er dafür zu alt ist, muss ich ihm eigentlich kündigen. Er macht das seit Jahren. Wenn du ihm etwas Gutes tun willst, gib ihm ein höheres Trinkgeld oder ein freundliches Wort, aber entziehe ihm nicht seine Arbeit und seine Würde.« Ich habe diese Lektion nicht vergessen. Seither respektiere ich jeden in seiner

Der Körper sollte gerade stehen, das Gewicht auf beiden Beinen verteilt sein, die Knie leicht gebeugt.

Arbeit und versuche, die Wichtigkeit seiner Arbeit ernst zu nehmen und ihm die Würde zu lassen, die für ihn darin liegt.

Ich kehre auf den Boden zurück. Nicht fest auf dem Boden zu stehen, und zwar so, dass die Füße den Boden kaum zu berühren scheinen, deutet auf einen Mangel an Kontaktfähigkeit. Wer nicht mit seinem ganzen Gewicht hinter den Dingen steht, wird wenig Durchsetzungsfähigkeit entwickeln. Er ist stets fluchtbereit, rennt am liebsten vor der Verantwortung davon. Standfestigkeit zu beweisen, hat nichts damit zu tun, an seinem Platz zu kleben oder unbeweglich zu sein, weder im privaten Leben noch im Beruf. Dazu kommt es erst, wenn ich meine Gelenke versteife, die Kniegelenke z. B. nach rückwärts drücke und sie auf diese Weise blockiere. So kann ich den Fuß nicht nach vorne setzen, was notwendig wäre, damit die Fußsohle abrollt und mich auf diese Weise einen Schritt weiterführt. Die Blockade bleibt keineswegs aufs Physische beschränkt: Kein Fortschritt ohne Schritt. Das Gefühl, das ich zunächst brauche, sagt mir, dass mein Körper im Gleichgewicht ist und gerade über meinen beiden Füßen steht. Sein Gewicht darf mich nicht nach vorne ziehen, so dass ich auf meine Füße fallen würde. Wir haben darüber gesprochen, dass jeder und alles seine Aufgabe habe, und zwar sowohl in unserem Körper als auch in jeder Organisation. In unserer Wirbelsäule besitzt jeder Wirbel einen winzigen Muskel, der ihn hält und den Wirbel darunter entlastet. Wenn diese Funktion auch nur in einem Fall versagt, belastet der entsprechende Wirbel den unter ihm, und verursacht oben Kopfschmerzen. Es ist nicht anders als in einer großen Firma. Es braucht nur eine Abteilung die Arbeit einzustellen, schon spürt die nächstuntergeordnete den Ausfall. Unten stockt alles, und die Betriebsleitung (oben) bekommt Kopfschmerzen. Wenn dagegen alle ihrer Funktion gerecht werden, wenn also jeder kleine Muskel seine Arbeit tut, zieht er sich genau die Spanne nach oben, die jene Distanz zum nächsten Wirbel erzeugt, die notwendig ist. Alle Wirbel stehen in gerader Reihe übereinander. Der kleine Muskel darf sich nicht verziehen, indem ich in diesem Moment der Ausgangsposition zu tief Luft hole oder den Kopf nach oben reiße. Es kommt auf die richtige Distanz an zwischen dem Muskel und »seinem« Wirbel und zwischen den Wirbeln untereinander. Das Becken wird gerade gehalten. Knie und Gelenke sollten locker sein, nicht jedoch lasch. Den Kontakt zum Fußboden nimmt die gesamte Fußsohle wahr. Ich muss fühlen, dass ich auf dem Boden stehe, nur so erfahre ich körperlich was es heißt, einen Standpunkt einzunehmen.

1. Übung: *Bodenhaftung I*

Zuallererst versuchen wir, unseren Körper und vor allem unsere Wirbelsäule in eine gerade Position zu bringen: Ein Wirbel über dem anderen, der Kopf gerade über dem Hals, die Brust nicht zu weit nach vorn gewölbt und nicht nach hinten gestreckt, das Becken gerade. Die Knie halten wir nicht steif, sondern eine Spur gebeugt. Wir verlegen unser Gewicht nach links und belasten den Boden damit. Wir schieben die Fußsohle auf dem Boden weiter, und durch diesen Kontakt mit dem Boden versuchen wir, gerade zu stehen. Wir wechseln die Seite und verlagern unser Gewicht nach rechts, das Knie gibt ein wenig nach, wir stehen dadurch im Plié, wie es beim klassischen Ballett heißt, einer kleinen Kniebeuge, und belasten nun die rechte Fußsohle. Bitte darauf achten, dass die gesamte Fußsohle von der Ferse über den Mittelfuß bis zum Fußballen sich auf dem Boden

Wird das Gewicht auf eine Seite verlagert, muss das Gewicht in der Hauptsache auf einem Fuß lasten. Mit der rechten Hand zeige ich, wie der Druck über die Fußsohle zum Boden hin fließen soll.

befindet, so dass wir das Gewicht deutlich spüren. Wir wiederholen die Übung, einmal nach links und einmal nach rechts, mehrmals. Aufpassen, dass nicht das Becken zu weit ausbricht. Der ganze Körper muss wie ein Turm von einem Fuß auf den anderen wechseln. Mach es mehrmals, spüre den Kontakt zum Boden! Dann versuche es schneller zu machen und denke immer daran, dass die Bewegung von unten, von der Fußsohle ausgeht, nicht von oben, nicht von den Schultern her. Wiederhole es schneller, immer schneller und immer schneller, so dass dein Körper, fast ohne sich fortzubewegen, sich wie ein Pendel verhält. Spüre, dass die Füße sich erwärmen, sie erhalten mehr Blutzufuhr, schwellen vielleicht ein wenig an, und du hast das Gefühl, dass sie schwerer werden. Dann halte ein, bleib ruhig stehen. Du wirst die Empfindung haben, Magnetschuhe zu tragen. Die Füße haften am Boden wie Astronautenschuhe mit Magneten. Lass dieses Gefühl des Haftens, des körperlichen Daseins, auf den gesamten Körper wirken und spüre, dass du da bist. Ich vermute, dass dein Blick geradeaus gerichtet sein wird, wenn du aufschaust. Deine Arme werden keine Probleme damit haben, eine breite Bewegung auszuführen, sich vom Körper zu entfernen. Du fühlst dich wohl, dort, wo du bist. Wenn

Ich versuche, Sophie zu demonstrieren, wie die Energie durch einen kleinen Druck auf ihr Knie Richtung Boden fließt und wie sich der Körper mit Hilfe dieses kleinen Drucks wieder in eine aufrechte Stellung bringen lässt.

du jetzt einen Punkt anvisierst, schau auf den Punkt, und wenn du auf ihn zugehst, achte darauf, das sich kein Körperteil vordrängt, schneller sein will als die anderen. Nicht dass der Kopf nach vorne geschoben wird oder die Brust sich nach vorne wölbt. Der ganze Körper muss auf dem Weg sein, einen Schritt nach dem anderen. Und bei jedem Schritt versuche, deine Magnetschuhe, die Haftung zum Boden zu spüren. Du wirst bemerken, dass du schreitest wie der Adel zu Zeiten des Barock. Die Fürsten und hohen Würdenträger hatten Zeit, und noch heute ist es so: Jemand, der seiner Sache sicher ist, braucht nicht zu rennen. Es ist wie beim Autofahren. Die meisten, die uns überholen, treffen wir an der nächsten Ampel wieder. Schreite, spüre den Boden, und deine ganze Haltung wird die eines Grandseigneurs sein, der Zeit hat und Gelassenheit besitzt. Allein damit strahlt er schon die Botschaft aus, dass ich mich auf ihn verlassen kann und er sich auch Zeit für mich nehmen wird. Ich werde ihm glauben, dass er sich auch die Zeit nimmt, Lösungen zu finden.

2. Übung: *Bodenhaftung II*

Auch diese Übung kann dabei helfen, Bodenhaftung und das heißt, ein Gefühl für den Boden zu entwickeln, der uns trägt. Eine Trainingseinheit, die auch in den Seminaren von Moshé Feldenkrais eine Rolle spielt. Sie nennt sich »Der künstliche Boden«. Wir brauchen dafür zwei Partner. Der eine legt sich mit dem Rücken auf den Boden und zieht seine Beine in geradem Winkel zur Brust. Der Partner schiebt mit leichtem Druck

Auf die Fußsohle wird, verstärkt durch ein Buch, ein Stück Karton oder sonst einen Gegenstand mit glatter, harter Oberfläche, mit der flachen Hand ein leichter Druck ausgeübt. Der Fuß reagiert mit einem leichten Gegendruck, ohne jedoch zu sperren.

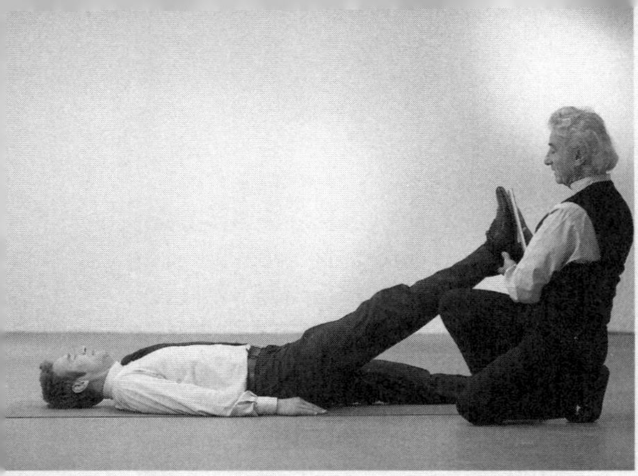

Die gleiche Übung in anderer Konstellation. Mein Partner (Tom) streckt seinen Fuß nach vorne, während ich mit meiner Hand einen kleinen Widerstand ausübe, wieder ohne zu sperren, damit eine fließende Bewegung entsteht. Wichtig ist, dass der Partner während der ganzen Übung den Gegenstand mit der ganzen Fußsohle spürt.

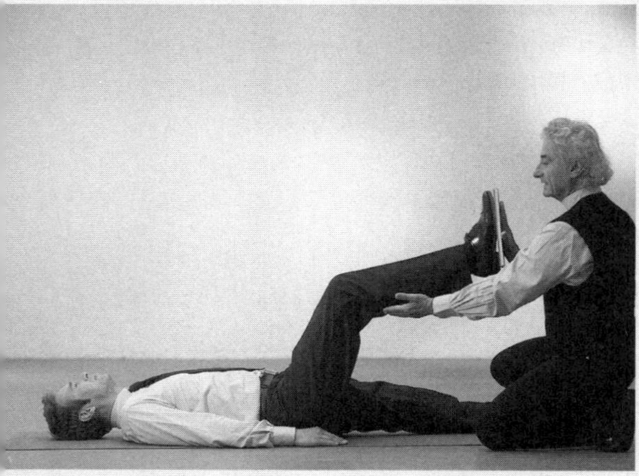

Ich schiebe seinen Fuß mit meiner Hand in Richtung seiner Brust, wobei es darauf ankommt, dass sein Bein bzw. sein Unterschenkel parallel zum Boden geführt wird und dass zwischen Leisten und Kniegelenk ein kleiner Widerstand auf seiner Seite und kleiner Druck von meiner Seite wirksam wird und wir permanenten Kontakt zwischen seiner Fußsohle und meiner Hand halten, damit eine fließende Bewegung entsteht.

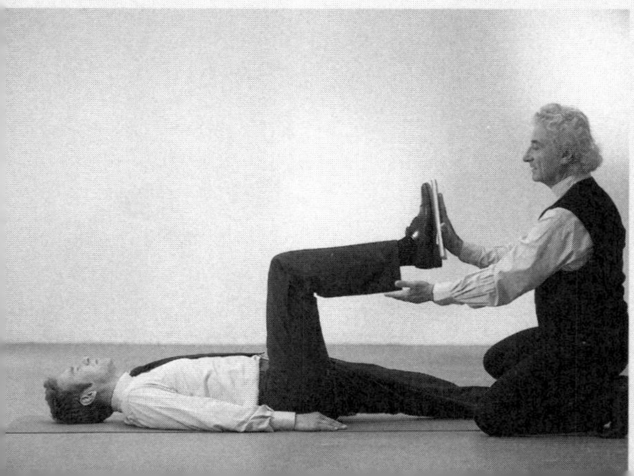

Die gerade Position zwischen Fuß und Knie ist erreicht. Tom schiebt meine Hand wieder zurück und ich gebe nach, aber nur um durch neuerlichen leichten Gegendruck die Bewegung in Gang zu halten. Im Hin und Her setzt sich die Bewegung fort. Der Partner soll den künstlichen Boden bei lockerem Zustand der Gelenke spüren lernen. Wichtig ist dabei, das wir den Kontakt zwischen Fußsohle, Buch und Hand in einer fließenden Bewegung nie verlieren.

ein größeres Buch gegen eine Fußsohle des ersten. Der versucht nun, im Hin und Her seinen Fuß gegen den Druck zu strecken, und zwar ohne im Gelenk die Bewegung zu blockieren, während der andere versucht mit seiner Hand den Fuß des Partners leicht zurückzuschieben, sodass dessen Knie über seiner Brust schwebt. Bitte mehrmals und im Wechsel, einmal mit dem rechten Fuß und danach mit dem linken. In einer anderen Version wird zunächst 25-mal nur mit einem Fuß trainiert, dann steht man auf, geht ein paar Schritte und achtet auf den Unterschied zwischen beiden Füßen. Welcher Fuß hat die bessere Bodenhaftung? Dann geht es wieder auf den Rücken und das zweite Bein kommt dran. Wenn du diese Übung regelmäßig, etwa zwei- oder dreimal in der Woche ausführst, wirst du feststellen, dass dein Standpunkt sich ebenso verbessert wie deine Bodenhaftung und welche innere Ruhe und welches Sicherheitsgefühl es dir einbringt. Du wirst nicht mehr so leicht wegrennen von deinem Standpunkt. Du hast vielmehr den Mut gewonnen, da zu sein.

Standort und Standortwechsel

Da zu sein, bedeutet nicht Stillstand. Da zu sein heißt, ich weiß, wo ich bin, ich vertrete einen Standpunkt, und von diesem Standpunkt kann ich in jede Richtung gehen. Aber, und das ist wichtig: Ich bewege mich von einem Standpunkt zu einem anderen. Wenn ich weiß, von wo ich komme, mache ich mir auch bewusst, wohin ich gehe. Um erfolgreich zu sein, ist es ausgesprochen wichtig, mich von einem Standpunkt wieder zu einem anderen Standpunkt zu bewegen. Bleiben wir am selben Standpunkt, bewegt sich natürlich nichts und es kann auch nichts geschehen. Von einem Standpunkt zum nächsten weiter zu schreiten, ist das, was wir Fortschritt nennen. Es ist keine Charakterlosigkeit, Standpunkte zu verlassen. Es bedeutet vielmehr Leben und Entwicklung, und zwar, weil ich mich bewege von dem einen Standpunkt zu dem andern, und warum? Weil der neue Standpunkt, den ich einnehme, mir neue Optionen gibt, neue Möglichkeiten, neue Perspektiven, die ich nur vom neuen Standpunkt aus wahrnehmen kann. Mich stets neu zu positionieren, heißt auch, Standpunkte zu haben und damit wieder Bodenkontakt. Dabei haben wir darauf zu achten, dass wir an jedem dieser neuen Standpunkte wieder ganz da sind, ihn aus Überzeugung und mit Freude ganz ausfüllen; nur dann werden wir die Menschen überzeugen. Nur wenn wir an jedem Platz, den wir erreichen, an jedem Standpunkt, den wir einnehmen, zu hundert Prozent da sind. Die Menschen wollen sich an mir orientieren und sie können sich auf mich verlassen, weil ich voll hinter meinem Standpunkt stehe. Das muss aber nicht heißen, dass ich auch da bleiben werde. Denn ich bewege mich weiter. Leben ist Veränderung, und Veränderung ist Bewegung. Wer aber rennt, wird weder an dem alten Standpunkt zu finden sein und ist zugleich noch weit vom neuen Standpunkt entfernt. Erreicht er endlich den neuen, wird er, kaum angekommen, weiterrennen. In einem Notfall wird er nie sagen können, wo sich der Fehler eingeschlichen hat, weil er ihn gar nicht wahrgenommen oder zumindest keine Stellung dazu genommen hat: Wie sollte er auch in vollem Lauf! Er hat keine Verantwortung übernommen. Die Sekunde, in der er hätte stehen bleiben müssen, hätte ihm Orientierung geben können. Er hätte nicht lange einhalten müssen, aber es wäre die entscheidende Sekunde der Besinnung gewesen. Merken die Menschen, die ja nach Orientierung und Vertrauen suchen, dass einer nie stehen bleibt, sondern nur rennt und rennt, werden sie ihr Vertrauen in ihn schnell abwerfen. Ich benutze gern das Bild vom Busch im Wüstensand, der vom Sturm entwurzelt, vom Wind hin und her getrieben wird und eben keinen neuen Standpunkt etablieren kann.

Wer sich bewegt, sollte möglichst von einem sichern Punkt zu einem anderen sichern Punkt zu schreiten versuchen. Zwar liegt in jeder Bewegung ein Risiko, das lässt sich nicht leugnen. Ich verlasse eine sichere Position, weil sie mir nicht mehr geben kann, was ich mich weiterbringt. Also muss ich eine nächste ausfindig machen, von der ich mit einiger Sicherheit vermuten kann, dass ich mindestens eine Sekunde dort verweilen möchte, bis sich mir ein neuer Horizont eröffnet.

Goethes Faust ist der Anwalt des Wechsels, des Weitergehens und Weiterstrebens, wenn er zu Mephistopheles sagt: »Werd' ich zum Augenblicke sagen: / Verweile doch! Du bist so schön! / Dann magst du mich in Fesseln schlagen, / Dann will ich gern zugrunde gehn!«

Faust ist ein Rastloser. Die Herausforderung für jeden von uns, der Erfolg haben will, liegt darin, einen Standpunkt anzuvisieren und einzunehmen, wirklich einzunehmen und doch auf dem Sprung zu sein. Ein Politikerwort, das in Variationen von Zeit zu Zeit wiederkehrt, lautet: »Wer will mir verbieten, jeden Tag etwas schlauer zu werden?« Was etwas seriöser klingt als jenes andere: »Was kümmert mich mein Geschwätz von gestern?« Im Geschäftsleben hat Zuverlässigkeit einen hohen Stellenwert. Um erfolgreich zu sein, muss die Bereitschaft weiterzugehen dazukommen, allerdings immer von einem festen Standpunkt aus.

Aus alledem haben wir gelernt, dass innere Ruhe in unserem Körper Voraussetzung dafür ist, vollkommen hinter einer Sache zu stehen, den Boden, auf dem wir stehen, mit ganzem Gewicht zu belasten, wirklich für das da zu sein, was wir vertreten. Wir müssen auch selber das Gefühl haben, dass wir wissen, wo wir stehen. In diesem Augenblick fließen auch die Energien ungestört in den Körper, da er sich weder anschieben noch bremsen muss. So kann die Energie in meine Arme und Hände fließen. Sie bewegen sich von einer sicheren Position aus, womit mein ganzes Handeln erfolgsorientiert verlaufen wird, weil ich mir darüber klar werden kann, was ich tue, wo ich es tue und warum ich es tue. Die Energie, die ich aufwende, findet einen natürlichen Fluss. Es strengt mich nicht an. Anstrengung bedeutet es, wenn ich schieben oder blockieren muss. Ich möchte auch nicht in ein Geschehen hineingeschleudert werden, denn damit verlöre ich die Kontrolle. Ich möchte mit ruhigem Schritt auf mein Ziel zugehen, möchte schreiten. Auf diese Weise gehe ich einem sicheren Erfolg entgegen. Ich strahle Vertrauenswürdigkeit aus. Ich fühle mich selber wohl, und das verschafft mir, ohne dass ich mehr dazu tue, die Zustimmung anderer. Wer selber unzufrieden ist an seinem Standpunkt, strahlt diese Unzufriedenheit auch auf seine Umwelt aus. Bin ich dagegen zufrieden in meiner Umgebung, heißt das noch lange nicht, dass ich den Blick nach vorn, hin zu neuen Standpunkten und neuer Entfaltung meiner Potenziale verliere.

3. Übung: *Bodenhaftung III*

Betrete ein Zimmer, und zwar mit den Füßen zuerst. Ich weiß, das klingt befremdlich, aber viele Leute schieben sich, die Schultern voran, in einen Raum und müssen sich dann mit den Füßen bremsen. Richtig ist es, wenn der Schritt nach vorne mit dem Nachgeben des Knies von den Leisten ausgeht, und der ganze Körper sich gleichzeitig mit derselben Energie nach vorne bewegt. Kein einzelner Teil darf passiv bleiben. Wenn sich dieser Vorgang regelmäßig wiederholt: die Knie ziehen leicht nach vorn, die Bewegung der Beine von den Leisten her erfolgt, und ich mich aus meinen Gelenken heraus bewege, dann empfinde ich, wie der Körper locker darüber schwebt, und mit Sicherheit nur positive Strahlen aussendet, da keine Energie durch Druck oder Blockieren vergeudet wird.

4. Übung: *Bodenhaftung IV*

Versuche festzustellen, wie weit dein Oberkörper locker über deinem Standpunkt zu rotieren in der Lage ist, und welches Gefühl sich in ihm durch die Bewegung ausbreitet. So stellst du deine Handlungsfähigkeit fest. Versuche nun, deinen Oberkörper nach vorn oder nach rückwärts zu schieben, ohne dabei einen Schritt zu machen, und du wirst spüren, wie deine Hände und damit deine Handlungsfähigkeit dadurch gehemmt sind. Denn ihnen wird ein großer Teil an Energie genommen, weil der Körper viel Energie verbraucht, um die Balance zu halten. Diese Energie kostet uns die Kraft zu handeln, weil wir mit uns selbst beschäftigt sind. Richte dich wieder gerade auf, finde deine Mitte und achte darauf, wie Arme und Hände befreit sind. Kopf und Hals bewegen sich frei, d. h. auch deine Wahrnehmung ist nun wacher. Das Gefühl für dein Potenzial, deine Tatkraft verstärkt sich wieder, was sich unmittelbar auf dein Selbstbewusstsein auswirken wird.

Das Becken

Der Einfluss des eignen Körpers und unserer Körperhaltungen auf unser Bewusstsein, auf unser Lebensgefühl und unsere Handlungsfähigkeit ist enorm. Kein Körperteil ist davon ausgenommen. Ich nehme hier als weiteres Beispiel das Becken.

5. Übung: *Das Becken I*

Schiebe ich das Becken im Geradestehen nach vorn, zieht sich mein Oberkörper automatisch zurück, die Knie spannen sich an. Diese Haltung, vor allen das Durchdrücken der Knie, zwingt mich zum Verharren. Ich bin nicht mehr aufnahmefähig und erlebe meine Umwelt als feindlich, mindestens als verdächtig, da sie mich zur Zurückhaltung zwingt. Jede Diskussion gerät mir zur Defensive. Der Energie-Akkumulator, mein Oberkörper, ist zurückgedrängt, was bedeutet, ich bin außerstande, Anregungen in Aktionen umzusetzen. Ich ziehe mich schließlich selbst auf einen Beobachterstatus zurück, und einen Schritt nach vorn zu machen, kostet mich unendliche Energie.

Ziehe ich das Becken leicht zurück, was immer einer Verteidigungsstellung gleichkommt, also der Verteidigung einer Tabuzone, bei Männern die Tabuzone der Genitalien, befällt mich rasch das Gefühl, dass das Leben doch sehr gefährlich sein kann. Ein wesentlicher Energiemotor wird gedrosselt, was auch heißt, dass der Energiefluss von unten nach oben nicht mehr strömen kann. Es gibt scheinbar moralische Gründe dafür, und ich bin keineswegs gegen moralische Einsichten. Aber alle Moral sollte das Strömen der Energie zwischen Boden und Geist, zwischen unten und oben, nicht stören. Alles, was ich zurückziehe, zurückhalte, bremst mich selbst. Kleinliche moralische Vorbehalte spiegeln häufig die Angst, zu den eigenen Gefühlen zu stehen, und verursachen eine immense Energieverschwendung, indem sie bremsen und Verbotstafeln aufrichten; denn Verbote bremsen von Natur aus. Ich fühle mich auch nicht unmoralisch, wenn ich den Energieströmen ihren Lauf lasse. Im Gegenteil ich habe ein Gefühl von großer Harmonie. Ich wage es nämlich, Dinge ohne Angst zu tun, besser gesagt, in Fluss zu bringen, ohne Rücksicht darauf, was die anderen denken, und ohne mich einem für mich obsoleten Gesetz zu beugen. Der natürliche Fluss ist es, der uns die Offenheit verleiht, die wir für unseren Weg zum Erfolg benötigen.

Die Unbeweglichkeit des Beckens hindert mich daran, locker auszuschreiten, sie stört die Beziehung von oben und unten. Wenn aber mein Gang, mein Schritt, mein Fortschritt gehemmt sind, entwickelt sich ganz von selbst auch eine innere Stellungnahme dazu. Ein schlechtes Gewissen und unnötige Zweifel an dem, was ich tue oder nicht, sind schlechte Ratgeber für einen Erfolg.

6. Übung: *Das Becken II*

Lege dich mit dem Rücken auf den Boden und denke dir dein Becken als eine große Uhr, auf der oben 12 unten 6, auf der rechten Seite 3 und auf der linken 9 steht. Während du auf dem Boden liegst musst du dir vorstel-

Rücken und Becken werden in eine gerade Position gebracht.

len, du hättest einen eisernen Ball, den du nun langsam, ohne die Hände zu benutzen, nur mit kleinen Bewegungen der feinen Beckenmuskulatur, auf die 6 rollst und dann langsam zur Mitte, danach wieder zu 3 und 9 und mehrmals rund um die Uhr und wieder gegen den Urzeigersinn. Die einzige Kraft die hier angewendet werden soll, ist die Vorstellungskraft. Am besten schließt du die Augen und lässt das Becken wie von selbst deiner Vorstellung folgen. Eine fühlbare Lockerung des Beckens wird die Folge sein.

Hier wird das Becken einseitig nach rechts gehoben, was zu Folge hat, das nur das Becken sich bewegt, nicht aber das gesamte Gewicht von einer zur anderen Seite verschoben wird.

Das Becken wird nun nach links geschoben. Das Gewicht lastet weiter auf beiden Beinen.

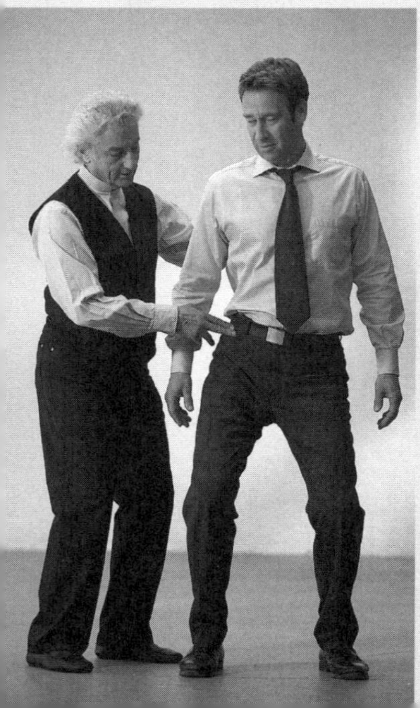

7. Übung: *Das Becken III*

Um mehr Beweglichkeit für das Becken zu schaffen, beugen wir die Knie ein wenig und schieben das Becken leicht vor und zurück. Im Anfang ergibt diese Bewegung ein komisches Gefühl. Aber genau das ist der Sinn der Übung. ›Befreie‹ dieses Körperteil, lass es sich vor- und rückwärts bewegen, versuche dasselbe auch seitlich. Männer werden vielleicht abwehren und sagen: Ich bin doch keine Bauchtänzerin! Dahin wäre es ohnehin noch ein weiter Weg. Aber die Bewegung des Beckens: links, rechts; links, rechts; und danach: vor und zurück; vor und zurück, versuche zu kreisen, hat eine wichtige Funktion, weil sie die Gelenke in den Leisten zu den Beinen und über dem Becken zur Wirbelsäule, wo sich der Schwerpunkt des Körpers befindet, lockert. Diese Schwerpunkte des Kör-

Und noch einmal im Profil: Oberkörper und Becken befinden sich in gerader Position, bei leicht gebeugten Knien. Aus dieser Position wird im nächsten Foto das Becken leicht nach vorn geschoben, ohne dass sich der Rücken nach rückwärts bewegt, Brust und Rücken bleiben in gerader Position. Nur das Becken kommt nach vorn und ein wenig in die Höhe. Die Hände, vorn und hinten, helfen dabei, das Gefühl zu intensivieren, dass tatsächlich nur das Becken bewegt wird.

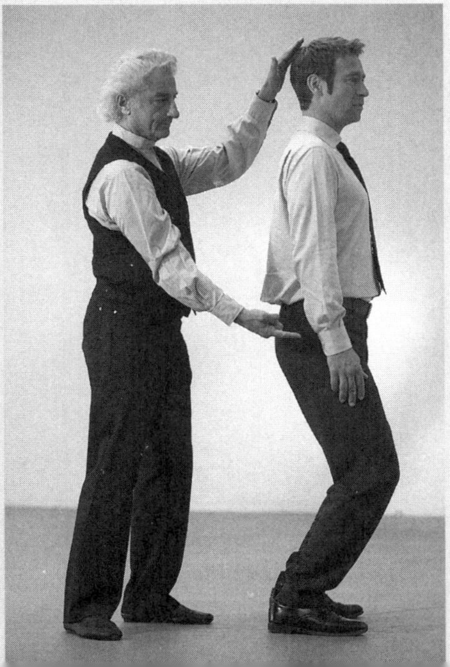

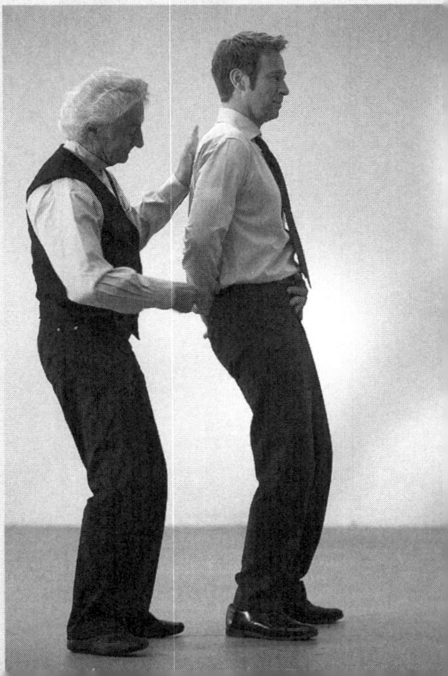

pers müssen beweglich sein und die Gelenke ganz fein eingestellt. Sonst bewegt sich mein Körper starr wie ein Block und ich gerate in die Gefahr, beim nächsten Schub die Balance zu verlieren. Balance zu halten im Beruf, Balance zu halten in persönlichen Beziehungen, dazu ist eine feine Koordination gefragt zwischen meinen Wünschen und denen des anderen, zwischen meinen Angeboten und den Bedürfnissen der anderen. Auf dieses feine Balancespiel sind wir besser vorbereitet, wenn wir gelernt haben, unser Becken locker zu halten und, was wichtig ist, diese Bewegung auch in unsere Empfindung eingegangen ist. Wir nehmen das Becken dann nicht mehr allein als Sitz der Sexualität, sondern auch als den unserer körperlichen Balance. Mit dieser Becken-Übung: Vorwärts und rückwärts, seitlich, kreisen, lockern wir mit der Zeit unser Becken. Balance stellt einen dynamischen Prozess dar und ist keineswegs ein gehaltener Zustand. Beruf und Leben werden durch Veränderungen aus der Balance gebracht und die muss wiederhergestellt werden.

Auch hier wieder: Nur das Becken wird nach rückwärts geschoben und obwohl es so aussieht, als wölbte sich der Bauch nach vorne, bewegt sich doch nur das Becken.
Diese Bewegungen und Übungen sollten nacheinander durchgeführt werden: einmal in der Bewegung nach vorn, einmal rückwärts, einmal seitlich (beide Seiten), um die Beckenpartie und die Leisten zu lockern, damit die Energie zwischen Boden und Oberkörper fließen kann. Denn dieser Energiefluss wird durch ein unbewegliches Becken gehemmt.

Natürliche Voraussetzungen und archaische Arbeitsteilung

»Gilt das gleichermaßen für Männer und Frauen«, fragte Sophie, »oder gibt es nicht einen Unterschied zwischen der Beweglichkeit des männlichen und des weiblichen Beckens? Wenn ich mich nicht irre, ist das weibliche Becken beweglicher und sendet im Gehen gewisse Reize aus.«

Natürlicherweise ist das weibliche Becken beweglicher als das männliche, eben weil die Frau die Gebärerin ist. Die Natur wollte es so, dass der Mann auf den Reiz reagiert, der davon ausgeht, dass die Frauen in der Zeit ihrer Reife, wenn das Becken sich zu runden beginnt, auch durch die Beweglichkeit ihres Beckens, ihre Fähigkeit und Bereitschaft zu gebären signalisieren. Außerdem erleichtert die weichere Muskulatur und Beweglichkeit ihres Beckens die Geburt. Männer verhalten sich also völlig archaisch, wenn sie den weichen Gang einer Frau und die Beweglichkeit ihres Beckens bewundern. Über die Jahrhunderte und in allen Kulturen hat man diesen natürlichen Ausdruck der Bereitschaft zu gebären und seine erotische Anziehungskraft auf die Männer zu unterstützen gesucht. Ich

Mein Partner steht gerade auf dem Standbein, und auch das Becken bleibt gerade. Die Kraft dazu bezieht er aus der Bodenhaftung …

denke an den Bauchtanz, ich denke an die französische Mode des »Cul de Paris« zur Zeit des Fin de Siècle; ich denke an die wiederkehrende Mode der hohen Absätze bis in unsere Tage. Im Grunde läuft aber alles auf die biologische Funktion des Gebärens hinaus. Biologisch und von den frühen Menschheitskulturen her gesehen, kamen die Frauen ohne die starke Rückenmuskulatur, ohne die starke Muskulatur der Hände aus, wie Männer sie haben. Die Frauen brauchten sie nicht zu ihrer Arbeit. Der Kampf und die Jagd waren Männersache. Weichheit und Beweglichkeit des Beckens entsprechen also der biologischen Funktion, und die Aufgaben des Alltags wurden entsprechend verteilt. So war es von vornherein kein Nachteil für die Frau, dass bei ihr die Übertragung der Kraft vom Boden über die Beine, das Becken und die Rückenmuskulatur und weiter in die Arme und Hände weniger ausgeprägt ist wie bei den Männern. Die wiederum als Jäger und Kämpfer, beispielsweise um die Verteidigung ihres Territoriums, bewahrten ihre Kraft auf Kosten ihrer Beweglichkeit. Ihr Schwachpunkt lag von jeher dort, wo Unter- und Oberkörper sich verbinden. Ihre Stärke, die sie aus der Kraft des Bodens, des Standpunkts,

... gleichgültig, ob es sich um das vorangestellte oder zurückgestellte Bein handelt.

die sie über die Bauchmuskulatur auf die Schlagkraft ihrer Arme übertragen mussten, setzte ein stabiles Becken voraus, damit Kraft und Energiestrom nicht nach vorn, nach hinten oder seitlich entweichen konnten. Noch heute sehen wir dem Manne diese urtümliche Haltung an. Männer stehen breiter als Frauen, d. h. der Abstand der Füße voneinander ist weiter. Dadurch ist das Becken fixiert und stabilisiert, was für die Kraftübertragung hilfreich ist. Männer, die vom Spielbein auf das Standbein wechseln, verlagern in der Mehrzahl ihr volles Gewicht auf das Standbein und so wird das Becken schnurgerade über dem Standbein liegen. Bei Frauen dagegen ist häufig zu beobachten, dass ihr Becken im Moment des Wechsels auf das Standbein seitlich abkippt, als wollte es ausbrechen.

Venus oder ›la mamma‹

Der Anblick, den es bietet, ist sehr anziehend und in der Kunst an vielen weiblichen Figuren zu sehen, an vielen Venus-Darstellungen oder weiblichen Götterdarstellungen wie in der indischen Mythologie. Signalisiert wird wiederum die Beweglichkeit des Beckens. Wir sehen aber auch, wie sich dieses Bild der Frau verändern kann. Die alles beherrschende Mutterfigur, »la mamma« steht lange nicht mehr so hüftbetont und Schutz begehrend neben dem Mann, und sie steht breiter auf den Beinen. Heutzutage, da die Frau mehr und mehr in ehemals männliche Positionen eintritt, in der Gesellschaft und im Beruf vielfältige Aufgaben übernimmt, die dem alten Rollenbild nicht mehr entsprechen, bedarf sie in gesteigertem Maße der Ausstrahlung von Kraft und Stehvermögen und deren Umsetzung, um ihre Ziele zu erreichen. So lernen sie diesmal von den Männern, ihr Becken zu stabilisieren, damit nicht der Eindruck entsteht, sie würden gleich in der Mitte zerbrechen, womit das Zutrauen in ihr Durchhaltevermögen in Stress-Situationen Schaden nähme. Übrigens wirkt sich die Standposition auch auf die Stimme aus. Sie klingt zarter, zerbrechlicher in der Hüftposition und stärker bzw. fester in der geraden Stellung von Füßen, Becken, Bauch- und Rückenmuskeln und Wirbelsäule.

Eine andere Frage, die gelegentlich auftaucht, betrifft die hohen Schuhe, die Frauen zu bestimmten, meist festlichen Gelegenheiten tragen. Verstärken sie die Neigung, die gerade Linie zu verlassen und damit die Bodenhaftung zu lockern? Interessanterweise ist es nicht so. In solchen Schuhen sitzt die Ferse deutlich fester als in flachen Schuhen auf dem Absatz, und zwar trotz der abwärts gerichteten Neigung des Schuhs. Mehr als das: Diese Stellung zwingt dazu, Becken, Rückgrat und Kopf gerade zu halten. Außerdem verleiht es der Trägerin einen sehr schönen Gang, denn die Schuhe zwingen sie eine gerade und balancierte Haltung einzunehmen, zumal sie es sich nicht leisten kann zu rennen. Ihr Schritt wird wie von selbst gleichmäßiger und wirkt dadurch sicher. Anders ist es, wenn die Trägerinnen sehr hoher Absätze, wie es in den Fünfzigerjahren Mode

Hohe Absätze kommen wieder in Mode. Wir achten darauf, dass der Körper, Becken und Taille gerade gehalten werden und das Gewicht direkt auf der Ferse liegt und dem ganzen Fuß zwischen Ferse und Ballen Sicherheit gibt. Das angenehme, selbstbewusste Auftreten, das hohe Absätze verleihen, kann nur entstehen, wenn diese gerade Linie über dem Schuhabsatz eingehalten wird.

Auch im Gehen bleibt die gerade Linie ausschlaggebend für den sicheren und schönen Gang.

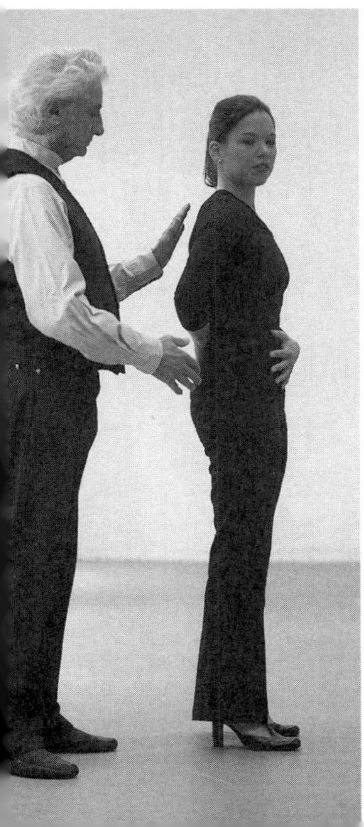

Auch im schnellen Gehen, kann die Gewichtübertragung in gerader Linie eingehalten werden und auch bei hohen Absätzen aufrechtes und sicheres Auftreten garantieren.

Wird der aufrechte Gang vernachlässigt und die Knie sind ein wenig gekrümmt, das Becken zieht nach rückwärts, neigt sich als ein Resultat dieser Haltung auch der Oberkörper nach vorn. Ein sicherer Energiefluss kommt nun nicht mehr zustande und die Ausstrahlung verfällt.

war, die Füße beim Gehen voreinander setzen, als balancierten sie auf einem Seil, was zwar die reizvolle Birnenform ihres Beckens hervortreten ließ, den Gang jedoch wackeliger machte. Es war ein Signal der ›schwachen‹ Frau an den Mann: Ich brauche deine starke Schulter. Im Gegenteil dazu verleiht der hochhackige Schuh einen sicheren Gang, sobald die Füße nicht einer vor den anderen, sondern parallel gesetzt werden.

Die beschriebene Stabilisierung wirkt sofort auch nach außen in dem Sinne, dass sie die eigene Standfestigkeit glaubhaft macht. Ich will damit nicht sagen, dass die Frauen künftig am besten unablässig auf die Stabilisierung ihres Beckens achten sollten. Sie sollten sich nur bewusst machen, dass es beide Stellungen gibt, um entscheiden zu können, wann es ihnen richtig erscheint, der Stabilisierung den Vorzug zu geben und wann der lockereren Haltung. Den Männern kann ich nur raten, dass sie die Balance gebenden Lockerheit des Beckens lernen sollten, denn sie ermöglicht Flexibilität und ein feineres Austarieren komplizierter Situationen. Wenn dem Becken die Beweglichkeit fehlt, lässt sich kein Balanceakt schön und elegant zu Ende bringen und auch keine Problemlösung mit Feingefühl statt durch Aggressivität.

Das Spiel der Kräfte

Wir haben hier oft von Kraftübertragung gesprochen und müssen uns fragen, was bedeutet uns Kraft. Wir erwarten, dass eine Führungspersönlichkeit auch eine kraftvolle Persönlichkeit sein sollte. Kraftvolle Menschen ziehen das Vertrauen anderer auf sich. Es muss sich dabei nicht um Kraft in einem primitiven Sinne handeln, sondern jede Kraft bezeichnet die Fähigkeit, auf etwas anderes zu wirken. Auf jeden von uns wirken Kräfte ein, als Beispiel genommen, die Schwerkraft. Sie hält uns am Boden und verleiht uns Stabilität. Wir müssen diese Kraft permanent überwinden und jeder Schritt bestätigt uns in unserer Stärke. Die interessante Frage lautet immer wieder, welche Kraft wirkt auf welche Kraft? Die Schwerkraft wirkt auf mich und stabilisiert mich, meine Beweglichkeit befreit sich von dieser Kraft und bringt mich voran. Jede Interaktion beruht auf dem Spiel zwischen zwei Kräften, die aufeinander wirken, und zwar gleichgültig, ob es sich um ein Gespräch handelt, um eine physische Aktion oder um zwischenmenschliche Beziehungen. Immer setzt die eine Kraft die andere in Bewegung. Für unser Gefühl ist Bewegung etwas Selbstverständliches, aber sie ist ein Spiel zwischen Kräften. Wir nehmen Kräfte auch nur dann wahr, wenn sie stark und im Ungleichgewicht sind. Sind sie im Gleichgewicht, ruhen sie, ruhen in sich. Von einem Menschen können wir in dem Moment sagen, er ruht in sich, ist im Gleichgewicht mit seiner Umgebung. Wird jedoch eine Kraft stärker und durchbricht das Gleichgewicht, spüren wir beispielsweise den Wind, der uns zum Widerstand zwingt. Entweder wir widerstehen ihm, oder er drängt uns in eine bestimmte Richtung. Eine Kraft, die sich bewegt, hat immer eine Richtung, der sie folgt, um sich weiterzubewegen. Kraft strömt immer aus einer Energiequelle. Die kann physikalischer Natur sein oder unserem Geist, unserem Willen, unserer Selbstsicherheit entspringen, durch die sie erweckt und gesteuert wird. Diese Energie in uns beruht auf unserem Glauben an unsere Fähigkeit, etwas zu schaffen, dass wir Kräfte mobilisieren können. Es macht keinen Unterschied, ob es sich dabei um geistige Energie, Gefühlsenergie oder physische Energie handelt. Auf jeden Fall spüren wir diese Energie in unserem Körper, wir spüren, wie sie entsteht und wie sie sich bewegt. Sie bewegt Menschen und Dinge auf ein Ziel, auf eine Vision zu, d. h. sie bindet gleichzeitig andere Kräfte an ihr System und nutzt sie zu einem bestimmten Ziel. Unsere Kraft erzeugt bei anderen natürlicherweise Widerstand. Er muss überwunden werden. Dazu existieren zwei Möglichkeiten: Unsere Kraft ist stark genug, um die fremden Kräfte durch sicheren Stand in der Argumentation, durch Charme, Offenheit und indem wir dem anderen die Vorteile eines Zusammengehens aufzeigen, in die eigene Richtung umzuwenden, oder unsere Kraft weicht dem Widerstand aus und sucht sich eine Alternative in einem neuen Kurs, der später wieder in die alte Richtung korrigiert werden könnte. Wind und Wasser machen es uns vor. Ein Geschäftsmann weicht vorübergehend auf andere Märkte aus, wenn sein angestammtes Geschäft von der Konkurrenz blockiert wird.

Widerstand bildet sich vor allem innerhalb eines Systems, denn jedes System sucht zu stabilisieren und damit, sich zu erhalten. Alles Neue erscheint als eine Gefahr für die Stabilität eines Systems. Menschen in Führungspositionen erleben es häufig, dass sich das System gegen ihre

Innovationen wehrt. Es ist durchaus natürlich, dass sich das System durch den Widerstand gegen Neuerungen zu erhalten strebt. Gleichzeitig aber sinken bei einem System, das sich nicht verändert, sich nicht an die Veränderung seiner Umgebung adaptiert, die Überlebenschancen. Wir haben es also mit einem Widerspruch zu tun: Einerseits der Stabilisierungswille, andererseits die Notwendigkeit der Veränderung. Die Kräfte spielen gegeneinander. Nur wenn die Erneuerung mit einem Enthusiasmus vorgetragen wird, der wieder Enthusiasmus erzeugt oder wenn ein entsprechender Druck ausgeübt wird (zwei sehr entgegengesetzte Methoden), wird sie sich durchsetzen lassen. Es fragt sich also, welche Mittel ich anwende. Eines nämlich darf nicht außer Acht gelassen werden: Veränderung ist unerlässlich. Wir haben unsere Kraft einzusetzen, um neue Optionen, neue Ideen oder Adaptionen in jedem Lebens- und Arbeitsbereich, in jeder Erfolgsstrategie durchzusetzen. Erfolg, haben wir gesagt, heißt, den Fluss überqueren. Um ans andere Ufer zu gelangen, benötigen wir die Kraft, das Neue umzusetzen.

»Die Kraft, von der du sprichst, die Energie, woher nehmen wir sie eigentlich?«, fragte Tom. »Woher?«, erwiderte Sophie, »du musst dich selbst motivieren.« Da hatte sie recht, auch wenn wir uns zusätzlich auf die kosmische Energie verlassen können, die aus dem Boden kommt.

Der Brustkorb als Energie-Akkumulator

Ich habe davon gesprochen, das die Kraft vom Becken her ausgehend über die Leisten – und darin steckt das Wort ›Leistung‹ – aufsteigt. Hier liegt der Ausgangspunkt der Kraft, die uns Vertrauen verleiht, weil der Energiefluss in die richtige Richtung geleitet wird.

Unsere Kraft überträgt sich, wie gesagt, vom Boden über Bauch- und Rückenmuskulatur zur Brust. Sie ist unser Energiekasten. Hier tanken unsere Lungen den Sauerstoff und das heißt den Lebensbrennstoff, den wir brauchen, um in einem physischen Verbrennungsvorgang Energie freizusetzen für Tun und Denken.

Eine eingefallene Brust erscheint per se als ein Zeichen von Schwäche. Dazu sollte man vielleicht wissen, dass ein Zurückziehen des Brustkorbs auch die Wirbelsäule einklemmt, die nun nicht mehr so flexibel ist. Es gibt eigentlich nur noch eine Richtung des Handelns. Das kann sich als Geradlinigkeit positiv auswirken, aber auch die Gefahr, einfach stecken zu bleiben, ist nicht zu unterschätzen. Jede Form der Blockade irritiert die Umgebung. Die Verhandlungspartner werden sich fragen: Warum reagiert er nicht? Er beobachtet nur. Vertraut er meinen Ratschlägen nicht mehr? Der Fluss von Energie und Begeisterung an einem gemeinsamen Unternehmen wird unterbrochen.

Robert gab zu bedenken, dass einer blockieren könne, um keine Fehler zu machen. Aber Sophie widersprach: »Das mag zwar sein, aber viel schlimmere Auswirkungen dürfte es haben, dass er die Begeisterung bzw. das Engagement seiner Partner blockiert. Er schiebt nichts an. Wenn sein Brustkorb in seiner natürlichen Stellung, also gerade, weder vorgewölbt noch zurückgezogen verweilt, bewahrt er sich alle Optionen.«

Schwere Verantwortung zu tragen, kann lähmend wirken. Manche tragen schwer daran.

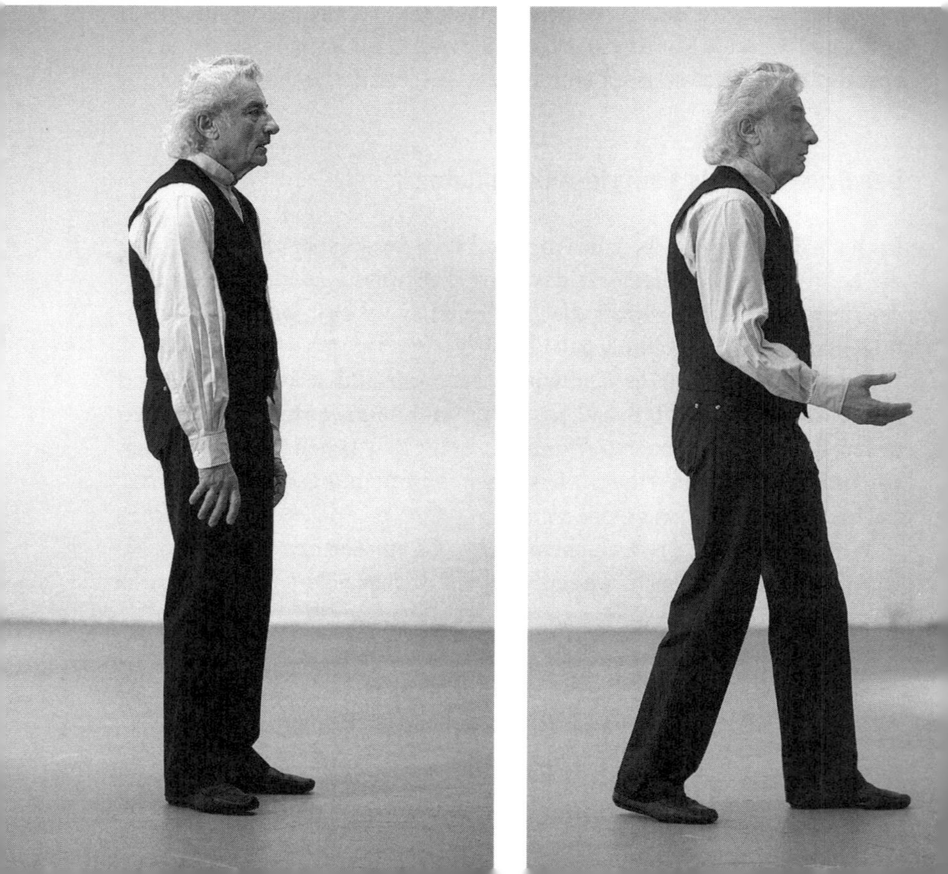

Verantwortung haben heißt nicht Verantwortung tragen.

Genauso ist es. Ausgangspositionen bieten uns bei einem Minimum an Energieaufwand ein Maximum an Bewegungsfreiheit. Die Ausgangsposition ermöglicht es mir, schnell zu reagieren, und zwar in alle Richtungen. Das eben zeichnet eine Führungskraft aus, dass sie in der Lage ist, schnell zu reagieren, ohne dass wir dabei das Gefühl haben müssen, sie strenge sich an. Trotzdem kenne ich viele Leute, die trotz ›schwacher‹ Brust erfolgreich sind. Sie verstehen es, die richtigen Mitarbeiter einzusetzen, geben ihnen relativ viel Freiraum, selber Entscheidungen zu treffen, behalten aber den Gang der Dinge genau im Auge. Sie selber bleiben im Hintergrund. Liegt uns allerdings daran, unseren Erfolg auch selbst darzustellen, sollte der erste Eindruck, den wir vermitteln, sicher nicht eine eingefallene Brust sein.

»Was geschieht hier eigentlich rein physikalisch?«, wollte Sophie wissen.

Eine eingefallene Brust nimmt wenig Sauerstoff auf. Das heißt, der Atem ist flacher. Mit wenig Sauerstoff komme ich, ebenso wie mit wenig Treibstoff, nicht weit. Ich ermüde schnell, das heißt, die Reichweite meiner Aktionen verkürzt sich. Ich will jetzt nicht als Gegensatz dazu von einer aufgeblasenen Brust sprechen. Aber die aufgerichtete Brust befähigt uns, tief zu atmen, genug Sauerstoff zu tanken. Zugleich stehen bei aufgerichteter und eben nicht eingesunkener Brust die Schultern in der richtigen Position, so dass die Arme nicht passiv am Körper herunterhängen, wie es bei eingefallener Brust der Fall wäre, womit sie zur Passivität verurteilt sind. Es ist wieder einmal die Haltung, die über das Wesen eines Menschen Auskunft gibt. Die herabhängenden Arme sind ein sprechendes Beispiel dafür. Es ist so, als sagten wir: Lass uns erst einmal zuschauen, bevor wir Energie einsetzen und Bewegung mobilisieren.

Die Beziehung zwischen Brustkorb und Armen spielt eine bedeutende Rolle, sie gehört deutlich in den Ablauf der Energiezufuhr vom Boden über Beine, Becken, Bauchmuskulatur und Brust, über den wir die ganze Zeit sprechen.

»Es ist ja auch sehr modern«, warf Robert ein, »die Bauchmuskulatur des Mannes zu betonen, wie man in der Werbung beobachten kann.«

Bauch- und Rückenmuskulatur stabilisieren den Übergang vom Becken, das wie ein Tisch mit seinen Beinen auf dem Boden steht, und dem Brustkorb. Dabei haben wir zu beachten, dass die aufrechte und gerade Haltung keinen Stau erzeugt. Mach das Fenster auf und lass die frische

Luft ein- und ausströmen! Das ist der eigentliche Sinn einer aufrechten Haltung im Brustbereich. Wölbt sich die Brust wie bei einem Truthahn, haben wir es mit einer Form von Imponiergehabe zu tun. Was biologisch durch dieses Aufblasen der Brust vor sich geht, ist aber viel interessanter. Unser Körper reagiert auf die Zurschaustellung des Brustvolumens mit einem Stau. Die Verbindung zwischen Oberkörper und Unterkörper ist dadurch unterbrochen. Der Energieaustausch von unten nach oben und von oben nach unten fällt zusammen. Er strömt nicht mehr. Die Kraft, die wir aus dem Boden ziehen, hat keinen freien Zugang mehr, und durch die Aufhebung des freien Flusses verfällt auch die Standfestigkeit.

Am Arbeitsplatz sieht das so aus: Aus Eitelkeit der Führungskräfte aufgeblasene Abteilungen sowie durch PR aufgeblasene Produktideen, die dem Markt imponieren sollen, haben zur Folge, dass das ganze System aus dem harmonischen Energiefluss ausbricht.

Aufrecht zu stehen unterstützt in jedem Fall die Freiheit der Bewegung. In aufrechter Haltung kann ich Kopf, Hals und Oberkörper völlig unbehindert und locker nach beiden Seiten drehen, ohne die übrigen Teile des Körpers zu belasten. Bei eingefallenem, vorgewölbtem oder eingezogenem Brustkorb dagegen sperrt die Wirbelsäule alle Rotation und ich bewege mich nur noch aus der Taille, was zur Folge hat, dass meine Beweglichkeit eingeschränkt ist und ich auf einen erheblichen Teil meiner Kapazität zu handeln verzichten muss. Übertragen auf den Arbeitsablauf in einer großen Firma hieße das: Einige Abteilungen arbeiten sehr gut, andere sind schlicht lahm gelegt. Die Effektivität des Ganzen wäre herabgesetzt.

Probieren wir ein paar ganz leichte Übungen für den Brustkorb:

8. Übung: *Brustkorb und Arme*

Wir legen uns auf den Rücken, und während des Einatmens strecken wir beide Arme über den Kopf nach rückwärts. Während des Ausatmens führen wir die Arme wieder zurück in die Ausgangsposition und wiederholen diese Übung mehrmals. Wir spüren, wie die Brust sich beim Einatmen hebt und beim Ausatmen wieder lockert.

Ich zeige mit meiner rechten Hand auf Sophies obere Brustpartie. Heben wir die Hände hoch über den Kopf, atmen wir auch über die obere Brustpartie ein.

Auch wenn wir aufrecht stehen werden, wird die obere Brustpartie gerade sein und die ganze Energie den Brustkasten füllen. Die Übung zeigt, wie wir bei erhobenen Händen einatmen, während wir beim Fallenlassen der Arme ausatmen. Der Zweck dieser Übung liegt darin, dass wir nach und nach auch die innere Muskulatur des Brustkorbs stärken, wichtig auch für das Aufrechtstehen und den aufrechten Gang.

Die Übung bedarf häufiger Wiederholung. Wir führen die Übung liegend aus, da der Körper auf dem Boden ausgestreckt entspannt und vor allen Dingen gerade ist und nicht leicht verzerrt werden kann wie im Stehen, wenn die Balance sich nach vorn oder rückwärts verändert.

Einatmen und Ausatmen

Ich knüpfe nun daran an, was ich über die Verbindung von Brustkorb und Armen gesagt haben. Unsere Arme hängen nicht beziehungslos am Oberkörper herab. Wir können das in einem Experiment beweisen.

9. Übung: *Brustkorb*

Versuchen wir einmal, die Arme bei absolut passivem Oberkörper zu bewegen. Wir werden feststellen, dass die Arme sich ohne weiteres und in jeder Richtung bewegen lassen, jedoch kraftlos bleiben. Sie haben kein Ziel, anders gesagt, kein Engagement. Wir bewegen unsere Arme wie eine Art Hampelmann. Nur ein kleines Einatmen ist notwendig, um unsere innere Energie zu mobilisieren und den Bewegungen Engagement einzuhauchen. Der Atem strömt und die Kraft meldet sich zurück. Wer zu einem Schlag ausholt, atmet vorher tief ein, um die Kraft aus den Lungen bei der Auflösung der durch das Einatmen aufgebauten Spannung weiterzuleiten in die Arme. Die Übertragung des inneren Engagements von der atmenden Brust über die Schultern in die Arme geschieht in einem Fluss. Der gesamte Apparat ist eins, arbeitet zusammen und nicht getrennt. Optimale Wirkung ist grundsätzlich nur zu erreichen, wenn das gesamte System in abgestimmter Wechselwirkung funktioniert. Jenes kleine Einatmen entfaltet große Wirkung. Wir treffen jemanden und sagen »Hi«, nachdem wir vorher leicht eingeatmet haben, weil wir uns freuen, ihn zu sehen. Schon stellt sich ein Lächeln ein, unsere Stimme hebt sich und gleichzeitig strömt mit unserem Atem eine Energie in unsere Arme, die sich wie von selbst für den anderen öffnen. Umgekehrt wird die Stimme dunkler und unsere Arme bleiben passiv, wenn wir vor unserem »Hi« ausgeatmet haben.

Der freie Fluss von Energie in unserem Körper hat auch damit zu tun, wie frei sich unsere Gelenke bewegen können. Jede Blockade des freien Fließens äußert sich zuerst in unseren Gelenken. Bei der Berührung einer Substanz, die uns unangenehm ist, ziehen wir entweder unsere Hand schnell zurück, oder wir blockieren unsere Schultergelenke, die Ellenbogen- oder Handgelenke. Reichen wir einem Menschen die Hand, der uns nicht angenehm ist, spüren wir sofort, wie unsere Gelenke blockieren, damit unser ungutes Gefühl nicht bis zur Brust und damit zum Zwerchfell und unseren übrigen Gefühlsrezeptoren weitergeleitet wird.

Wer sich sperrt, bleibt bald allein

Die ungehemmte Beweglichkeit unserer Arme signalisiert unsere Bereitschaft und unsere Fähigkeit zu handeln, vor allem aber zeigt sie, dass wir bereit sind, uns zu öffnen. Denn wer sich sperrt, bleibt allein. Offen zu sein, heißt, rezeptiv zu sein, heißt, anzuzeigen, dass ich keine Angst habe, mich mit Menschen und Dingen auseinander zu setzen. Angst ist der häufigste Grund für Selbstblockaden. An zweiter Stelle stehen die Sorgen, die wir uns machen. Sorgen entstehen aus der Angst, etwas nicht schaffen zu können oder dass etwas nicht funktionieren wird. Angst und Sorgen sind also Geschwister. Wir sorgen uns und besorgen etwas für uns oder ande-

Ich zeige am Beispiel Toms, dass keine Energie von den geöffneten Armen ausgeht, wenn die Ellenbogen nach unten zeigen. Die Schwere der Ellenbogen zieht die gesamte Energie wie mit Gewichten hinunter, geht in Richtung Boden, und die Oberarme sind animiert, sich über dem Oberkörper zu schließen. Energie strömt nicht über uns hinaus.

re, und jeder, der Sorgen hat, entdeckt lauter Phänomene, die ihm Angst einflößen, und weil er sich ängstigt, blockiert er sich selbst. Die Gründe für unsere Sorgen sind mannigfach: Unsicherheit, mangelnde Information, Angst vor dem Unbekannten, vor dem Neuen überhaupt. Was daraus folgt, ist die wachsende Unfähigkeit, Entscheidungen zu treffen. Aber nur durch Entscheidungen über notwendige Schritte, die aus der Krise herausführen, lassen sich Probleme lösen. Jede gefühlsmäßige Blockade, die uns daran hindert, etwas zu unternehmen, begrenzt auch unsere Fähigkeit, alle Informationen aufzunehmen, die uns zuströmen und die für einen Erfolg unseres Unternehmens notwendig wären. In Wirklichkeit geschieht meistens etwas ganz anderes als das, worüber wir uns Sorgen gemacht haben und was unsere Energie abgelenkt hat. Sorgen sind stets spekulativ.

Bereit zu sein sich dem anderen zu öffnen, muss nicht heißen, dass wir jedermann mit offenen Armen entgegenlaufen. Ein Arm, den wir dem anderen öffnend entgegenstrecken, genügt vollkommen und hat mit Umarmung nichts zu tun.

Befinden sich unsere Arme in ihrer natürlichen physiologischen Position am Körper herabhängend, zeigt der Daumen nach vorn. Richten wir

Gehen die Ellenbogen mit der Bewegung nach oben, ist, wie ich hier demonstriere, darauf zu achten, dass die Schultern dabei nicht in einer Art Schutzkompensation hinaufgehen. Sie sollten an ihrem Platz liegen bleiben, damit die Energie nach außen fließen kann.

den Daumen nach innen, also zum Körper hin, dreht sich die Hand und der Handrücken weist nach vorne. Damit errichte ich eine Sperre, d.h. ich verteidige die sensible Innenfläche meiner Hand vor der Außenwelt und zeige den weniger sensiblen Teil, den Handrücken. Von dieser Drehung ist unmittelbar auch mein Schultergelenk betroffen, das die Drehung mit vollzieht und seinerseits eine Sperre errichtet und damit die Bewegung meines Brustkorbs blockiert. Wir haben es mit einer Kettenreaktion zu tun: Die eine Sperre bewirkt eine zweite, größere und blockiert auf diese Weise das ganze System. Die Frage ist, wovor schütze ich mich? Vor einer spekulativen Gefahr, vor einer realen Bedrohung oder nur vor einer Erscheinung, die mir neu ist? Es ist uns ja klar, das alles Neue grundsätzlich jedes bestehende System bedroht. Gleichzeitig müssen wir uns aber sagen, dass die unbekannte Erscheinung auch eine Chance bedeuten kann. Mit der beschriebenen Sperre durch die Drehung des Handrückens nach vorn, stoppt auch den Informationsfluss zwischen mir und meinem Gegenüber. Das kann dazu führen, dass ich Signale des anderen übersehe, nicht sensibel genug auf sie reagiere und auf diese Weise meine Erfolgsaussichten verringere. Es handelt sich in solchen Fällen fast immer um einen Fehler in dem kleinen Balancespiel zwischen zwei Menschen, die einander begeg-

Ich zeige Tom, wie es ist, wenn die Arme richtig offen sind und die Energie nach vorne strömt. Er versucht es auch, aber wir sehen schon an seinem Gesichtsausdruck, dass er noch nicht ganz überzeugt ist. Mit der rechten Hand schafft er es schon, aber die linke, die Gefühlshand spielt nicht mit. Der Ellenbogen zieht die Energie wieder nach unten, und auch die Hände sind nicht mit Energie geladen. Wir sehen es, wie auf der einen Seite die Energie auch durch die Finger hinausströmt, während auf der anderen es kein Strömen gibt, die Energie ist gehalten, zieht hinunter und die Finger wirken eher energielos.

nen. Dieses Balancespiel läuft permanent ab. Wie beim Fahrradfahren bemerken wir im Alltag gar nicht mehr, dass wir fortwährend regulieren. Es bedarf nur eines kleinen Angstgefühls, einer kleinen psychischen Sperre und schon stürzen wir ab. Sind wir aber einmal gestürzt, brauchen wir mehr Energie, um wieder aufzusteigen und weiterzufahren, als wir ohne die kleine Sperre benötigt hätten. Die Aufwärtsbewegung läuft gegen die Schwerkraft und benötigt enorm viel Energie; fallen ist leichter.

Tom beschäftigte eine Frage ganz besonders: »Macht uns Offenheit nicht sehr leicht verletzlich?«

Offen zu sein heißt auch verwundbar zu sein, was wiederum nicht bedeuten muss, dass wir auch verletzt werden. Jedes elektronische Hochleistungsgerät ist auch sensibel und bringt uns gerade durch seine Sensibilität die außergewöhnliche und differenzierte Leistung. Wenn wir in ständiger Angst leben, es könnte uns etwas zustoßen, brauchen wir gar nicht aus dem Haus zu gehen. Ich spreche hier von Menschen, die den Erfolg wollen, die von ihrer Begeisterung für die Sache, um die es ihnen geht, über die kleinen Ängste hinweggetragen werden. Vermeiden wir also, uns bei jeder Gelegenheit zu sperren, den freien Fluss der Energie zu blockieren.

10. Übung: *Arme*

Versuchen wir einmal, unsere Arme in dieser Haltung, also mit nach innen gedrehten Händen, zu heben. Wir spüren, wie schwer uns unsere Arme vorkommen und wie eingeschränkt ihre Beweglichkeit ist. Wir brauchen den Arm gar nicht weit auszustrecken, und schon stellt sich das Schweregefühl ein, besonders spürbar bei langsamer Bewegung.

Also: Jeder, der sich sperrt, macht sich selbst das Leben schwer. Jeder, der sich sperrt, braucht unnötig viel Energie, um etwas zu bewegen. Ich brauche mir auch nicht permanent beweisen, wie sehr ich mich selbst habe überwinden müssen, brauche auch nicht den anderen pausenlos zu demonstrieren, wie viel Kraft ich aufgewendet habe, um mein Ziel zu erreichen, wobei wir häufig Schwierigkeiten zu überwinden hatten, die wir uns selbst aufgebürdet haben und wirklich nicht nötig wären. Nur der Schwache sucht ständig die Bestätigung dafür, wie stark er ist. Unsere Kraft sollte sicher in uns ruhen, und unser Vertrauen darauf, dass wir unsere Kraftquellen im entscheidenden Moment zur Verfügung haben, sollte uns selbstverständliche Gewissheit sein.

»Und was passiert, wenn wir die Hand andersherum halten?«, wollte Robert wissen.

Drehen wir die Hand in die andere Richtung, also so, dass der Daumen nach außen zeigt. Damit ist die Handfläche für die Außenwelt geöffnet. Wir wagen es, den sensiblen Teil der Hand nach außen zu kehren. Das heißt, wir haben keine Angst und kein Problem damit, die Welt sensibel wahrzunehmen und sensibel auf sie zu reagieren. Wenn ihr jetzt in dieser Stellung versucht, die Arme zu bewegen, werdet ihr merken, dass sie sich wie von selbst bis in Schulterhöhe anheben, öffnen. Wir bleiben offen, der Welt zugewandt. Umgekehrt, mit dem nach innen gedrehten Daumen, merkt ihr, wie schwer es fällt, die Arme zu heben und offen zu bleiben. Auf diese Weise erscheinen wir schmäler und auch unser Aktionsradius verkleinert sich. Unsere Optionen werden verringert, ziehen sich sozusagen in uns zurück. Öffne ich mich, liegt es an mir, die Welt

Sophie macht es auf diesem Bild nicht anders, besonders an der linken Hand, also der Gefühlshand, ist es deutlich zu sehen, wie der Ellenbogen die Energie nach unten zieht und sie hindert, nach vorne auszustrahlen.

zu entdecken, und meine Chancen steigen, dass die Welt mich empfängt. Meine Arme öffnen sich weiträumig, und ich entdecke, dass auch mein Handeln raumgreifend sein kann und ich keine Angst zu haben brauche. Diese Öffnung bewirkt, dass mein Gesicht eine stärkere Ausstrahlung erreicht und ich die Welt anders, nämlich in einem positiveren Licht sehe. Auch wenn ich zwei oder drei Schläge, »Rückschläge« hinnehmen muss, was vielleicht wehtut, bin ich nicht so schwach, sie nicht abfangen zu können oder mich auf Dauer zu verschließen. Das Zutrauen, mein Ziel erreichen zu können, auch wenn es manchmal wehtut stärkt mich, und ein paar Schläge bringen mich nicht um.

Mit geöffneten Armen

Kein Mensch läuft mit geöffneten Handflächen durch die Welt, das wäre unnatürlich, denn die Hand nimmt von Natur aus die Haltung ein, in der unser Daumen nach vorn zeigt. Die Tendenz sollte allerdings sein, das sie sich eher nach außen wendet als nach innen. Wenn ich jedenfalls eine kleine Neigung hege, die Hand der Außenwelt zuzuwenden, gibt mir dies

Ich hebe die Ellenbogen Sophies ein wenig an, um zu zeigen, dass die Energie rund über die Brust von einem Arm zu dem anderen Arm wie ein Kreisstrom fließen soll.

die Möglichkeit, jeden Impuls, der von außen kommt, aufzunehmen und auf jeden Reiz, der mich erreicht, sei er positiv oder negativ, zu reagieren, und darin liegen meine Chancen. Umgekehrt würde mich jeder Impuls und jeder Reiz veranlassen, mich zurückzuziehen, mich zu sperren, mich zu verschließen.

In jeder Gesprächssituation signalisieren geöffnete Arme: Ich rede offen mit dir und reagiere sensibel auf dich! Natürlich muss der Atem damit übereinstimmen. Wenn wir engagiert mit jemandem sprechen, tun wir es, »mit bewegter Brust«. Das heißt, jeder, der mit Begeisterung eine Sache vertritt, würde nie mit unbewegten Armen sprechen. Denn er will seine Begeisterung in Aktion umsetzen, will seine Visionen realisieren, und deshalb wird er automatisch die Arme zu Hilfe nehmen, um zu demonstrieren, dass er handeln will und zu handeln vermag. Er versucht damit, den Gesprächspartner zu gewinnen, indem er ihn fühlen lässt, dass er sich ihm gegenüber genauso öffnet, wie er sich der Welt gegenüber öffnet, und ihm klarmacht: Wir können das Ziel in den Griff bekommen, wir können uns weit über unsere gewohnten Grenzen hinaus öffnen, einen neuen Markt gewinnen oder vollkommen neue Produkte kreieren.

Hier gelingt es ihr, aufrecht zu stehen, und wir sehen, wie die Energie problemlos über ihre Hand hinausströmt. Die Hände wirken lebendig, die Energie fließt durch sie hinaus. Der Kontakt zur Außenwelt wird gelingen.

Leadership

Leadership bedeutet, das Wagnis einzugehen, über den Horizont hinauszugreifen und nicht hinter einer sicheren Mauer sitzen zu bleiben. Das aber beginnt immer bei unserem eigenen Körper. Was wir körperlich nicht wagen, trauen wir uns auch nicht im übertragenen Sinn zu tun, in unserem Leben, in unserem Beruf. Wenn ich sage: Über den Horizont hinausgreifen, dann heißt das für den Geschäftsmann, dass er sich nicht damit begnügt, sich geschäftlich in seinem Dorf, seiner Stadt, seinem Land zu bewegen. Es heißt, seinen Mut zusammenzunehmen und die innere Sicherheit zu finden, raumgreifend zu handeln, vollkommen neue Geschäftsfelder, neue Märkte zu erobern. Dazu gehört es eben auch, Betätigungsfelder zu entdecken und zu entfalten, deren Chancen vorher noch niemand erkannt hat. Öffnung, und zwar weite Öffnung heißt die Devise.

Brauchen Frauen einen anderen Führungsstil als Männer?

Sophie wirft hier lächelnd ein: »Der breite Stand, die weit geöffneten Arme stehen Männern gut an. Aber wie ist es mit uns? Alle diese ausladenden Bewegungen erscheinen mir doch nicht sehr damenhaft. Oder?«

Ich gebe ihr Recht, habe jedoch etwas hinzuzufügen: Was bedeutet uns der Begriff ›damenhaft‹? Will sich die ›Dame‹, wie in früheren Zeiten hinter dem ›Herrn‹ halten, sozusagen in seinem Windschatten leben, als Gesellschafterin? Oder will sie sich als aktive Führungskraft präsentieren, ohne deshalb ihre Weiblichkeit, ihre ureigenen Bewegungsformen und ihre weibliche Ästhetik zu negieren? Gleichzeitig erwartet man von ihr in diesem Fall aber die gleiche Energie, die gleiche Dynamik wie von den Männern, und auch dass sie in jedem Sinn weit greifen kann, eben auch über den Horizont hinaus, sonst ist sie keine Führungspersönlichkeit. Nicht jede Frau muss eine Amazone sein, die den Kampf sucht. Aber Amazonen waren auch Frauen und wagten es, weit auszugreifen. Aber reden wir lieber von friedlichen Verhältnissen. Jede Mutter ist, gewollt oder ungewollt, eine Führungsperson in ihrer Familie, und wir sollten uns ein Beispiel daran nehmen, wie Mütter es wagen, ihre Arme weit zu öffnen, wenn sie mit ihren Kindern umgehen. Sie würden nie ihre Ellbogen an den Körper pressen, wenn sie richtige Mammas sind. Ich will den Begriff ›damenhaft‹ nicht herabsetzen, aber in meiner Vorstellung von Führung hat er nichts zu suchen.

Eine scheinoffene Bewegung: Ist er offen oder hat er sich ergeben?
Sie dagegen ist intensiv bei der Sache.

Öffnung schafft Vertrauen

Die Beziehung zwischen uns und der Umwelt können wir positiv gestalten, nämlich zu einem harmonischen Austausch mit unendlichen Optionen.

Nur die Öffnung nach außen ist in der Lage, den anderen mit der eigenen Begeisterung anzustecken. Manchmal genügt es schon, dass ein Arm sich öffnet, wenn noch ein Rest von Zurückhaltung angezeigt ist. Aber diese halbe Öffnung besagt immerhin schon: Ich brauche mich nicht zu verteidigen! Werde ich attackiert, hilft allerdings nur die Erkenntnis, dass eine Lösung sich nur einstellen wird, wenn ich mich wirklich öffne. Rechtfertigung ist stets der Versuch, die Verantwortung von sich zu schieben und die Schuld bei anderen zu suchen. Wer immer die Schuld bei anderen sucht, betrügt sich selbst und verlangt vom anderen die Lösung. Aber er kommt vielleicht mit seinem Problem zu mir, und es ist gleichgültig, wer daran schuld ist, dass ein bestimmtes Problem aufgetaucht ist. Wenn ich mich öffne, kann ich nach Möglichkeiten suchen, das Problem zu lösen. Und das ist, was wir wollen: Uns einander öffnen, um etwas in Bewegung zu bringen. Im Gespräch agieren wir einmal mit dem rechten Arm, einmal mit dem linken und manchmal auch mit beiden. Wir sprechen hier nicht von großen Bewegungen. Kleine Bewegungen von Hand und Arm genügen, um zu zeigen, das wir nicht nur reden, sondern umsetzen und handeln wollen. Bleiben wir dagegen mit den Händen unter dem Tisch oder inaktiv, bleiben unsere Worte Absichtserklärungen, die nichts von Umsetzung erkennen lassen. Der andere gewinnt hier nicht den Eindruck, er könne sich darauf verlassen, dass unseren Worten Taten folgen werden.

Robert meldete Bedenken an: »Wenn ich beim Sprechen immer so mit den Händen herumfuchtele, entsteht dadurch nicht eine gewisse Unruhe, was mir vielleicht als Unsicherheit ausgelegt wird. Ich meine auch, mich daran zu erinnern, dass zu viel Gefuchtel in den oberen Etagen nicht gerade gern gesehen wird.«

Darauf erwidere ich: Das ist ganz richtig. Aber ich spreche nicht von Gefuchtel, sondern von ruhigen, den Sinn meiner Worte unterstreichenden Handbewegungen. Außerdem geraten wir mit zu viel Coolness sofort in ein Art Machtspiel. Zu viel Zurückhaltung bedeutet: Du wirkst nicht auf mich, und daher bleibe ich cool. Du müsstest stärker sein, um auf mich zu wirken. Dieses Machtspiel hat ganz eigene Regeln. Es geht grundsätzlich darum, herauszufinden, wer ist der Stärkere und wer der Schwächere bzw. wer wirkt auf wen ein. Selbstverständlich gibt es Kräfte, mit denen wir aufeinander wirken. Sinn hat dieses Kräftemessen nur in einer Art von Austausch, der darauf hinausläuft, festzustellen, welchen Gewinn jeder von uns vom anderen haben könnte, und zwar sowohl der, welcher geführt wird, als auch der, welcher führt. Es sollte also nicht darum gehen zu demonstrieren: Ich bin stärker als du. Vielmehr sollte zutage kommen, wer wem zur richtigen Zeit und mit den richtigen Mitteln helfen kann. Grundsätzlich aber ist zu sagen, dass ich durch meine Weigerung zu wirken, den anderen automatisch zur Intensivierung seiner Mittel zwinge, was nicht im Sinne von Führung und meiner Meinung nach auch nicht im Sinne eines Austauschs zwischen Partnern sein kann.

Mit den Händen reden

Aber zurück zu Roberts Frage nach der Unsicherheit, die in unkontrolliertem Fuchteln zutage tritt. Das heißt, dass hier ein Mensch selbst nichts begreift, er hat keinen Zugriff auf die Dinge und deshalb scheinen seine Hände irgendwo Halt oder ein greifbares Argument in der Luft zu finden. Das ist eine auf Unsicherheit beruhende Überaktivität. Was ich meine, ist die Unterstützung meiner Worte durch die Geste der Hand. Es kommt darauf an, dass unsere Handbewegungen sich adäquat zu dem verhalten, was wir sagen wollen. Sprechen wir zum Beispiel von einem großen Markt, der uns vor Augen steht, werden wir sicher nicht mit unseren Händen eine schmale Gasse bilden. Das widerspräche unserer Aussage. Wenn dagegen von einem Riesenmarkt die Rede ist, und meine Arme öffnen sich weit, kann ich eine adäquate Wirkung bei meinem Partner erwarten. Was wir hören beeindruckt uns vor allen Dingen, wenn es auch erlebbar ist. Das was wir erleben, bleibt prägend für uns. Das Erlebbare aber ist immer mit einer Bewegung verbunden, die uns beeindruckt.

Wenn wir mit den Händen reden, neigen wir normalerweise dazu, am Ende der Aussage die Hände fallen zu lassen. Diese Bewegung des Fallenlassens ist eine schnelle Aktion, die im Auge haften bleibt. Der resignative Ausdruck des Fallenlassens der Hände bleibt beim Betrachter viel stärker haften, als die Ausdruck gebende Bewegung während des Sprechens. Dieser Vorgang wiederholt sich während des Gesprächs: Immer wieder fallen die Hände aus ihrer Position hinunter. Dadurch entsteht Unruhe. Denn in dieser Abwärtsbewegung steckt keine Aussage, außer dass ich immer wieder zum Nullpunkt zurückkehre und dann wieder von null beginnen muss. Wenn ich es richtig machen will, lasse ich die Hand nach jeder Aussage zwei oder drei Sekunden in ihrer Position. Ich kann ruhig weiterreden, nehme aber nicht gleich wieder die Hände zur Hilfe. Sie bewegen sich nicht die ganze Zeit über, sondern werden eher für eine nächste Steigerung oder ein neues Thema wieder eingesetzt. Ähnlich ist es, wenn

Die offenen Hände sind bereit, etwas zu übernehmen oder auch während einer Diskussion Hilfestellung zu leisten. Die Energie hält das richtige Maß. Es ist nicht zu viel und ist nicht zu wenig. Auf jeden Fall zeigen meine Hände eine lebendige Beteiligung am Gespräch.

mir jemand ein Tablett mit Gebäck oder Petit Fours anbietet, aber bevor ich etwas davon nehmen konnte, weitergeht oder das Tablett senkt. Das Angebot besteht dann schon nicht mehr, bevor ich Zeit hatte, mich zu entscheiden. Bleibt die Hand mit dem Tablett eine Sekunde auf ihrer Höhe, lässt sie mir die Möglichkeit, ja oder nein zu sagen. Hat der andere Angst vor dem Nein, wird er die Hand schnell wegziehen, als wollte er sagen: Ich sage mir das Nein selbst, dazu brauche ich ihn nicht! So bleibt es bei dem Nein. Ein Nein vom Gegenüber, ich habe es schon gesagt, bedeutet nicht das Ende. Ein Nein zu einer bestimmten Sache, ist ein Ja für das Übrige. Ich will damit ausdrücken, dass jedes Nein Möglichkeiten eröffnet, neue Angebote zu machen. Wenn also unsere Hand nicht herabfällt, sondern sozusagen im Angebot bleibt, wird mein Partner dadurch angeregt, Stellung zu nehmen zu dem Angebot, das mein Ausdruck ihm vermittelt.

Robert versucht etwas mit Lebhaftigkeit zu beschreiben. Seine gerade Position, seine offenen Augen, die sprechenden Hände generieren genug Energie, um seine Botschaft zu transportieren.

Höfliches Ausweichen, gemildert durch die immer noch offene Hand, die sagen will: Mehr hast du nicht anzubieten? Der fragende Blick erlaubt diese Interpretation.

Ausweichend prüfend mit dem Blick, die Augen leicht zusammengezogen, noch nicht überzeugt, bekommen die Arme auch keinen Impuls zu handeln.

Der Körper rückt dem Gesprächspartner schon näher. Ein Arm öffnet sich, aber noch immer ist die Haltung geschlossen, der Partner bekommt jedoch durch die offene Hand noch eine Chance.

»Sozusagen«

Robert fasst zusammen, doch das Ergebnis scheint ihm nicht zu gefallen.

Man sieht das Missfallen im Gesicht, die rechte Hand bremst.

Abwehr: Das war die letzte Chance!

Dominante Handbewegungen

Etwas anderes hat es mit dominanten Bewegungen auf sich. »Kann eine zu weit in den Raum ausgestreckte Hand als dominant empfunden werden?«, fragte Tom. Meine Antwort schloss das nicht aus. Als dominant empfinden wir alle Bewegungen, die von oben nach unten geführt werden. Das heißt, unser Gegenüber bekommt nur den Handrücken zu sehen, keine offene Hand, die bereit ist, zu geben und zu nehmen. Mit

Die hackende Hand signalisiert: Hier ist ein Schnitt. Hier ist eine Grenze! Die leichte Neigung des Kopfes soll abschwächen, was die zusammengezogenen Brauen und die Handbewegung in ihrer Schärfe deutlich sagen.

jeder Handbewegung, die von oben nach unten führt, verhält es sich so, und zwar gleichgültig, ob ich jemanden auf den Arm tippe, ob ich ein Objekt abdecke, um zu sagen, das gehört mir, oder ob ich mit gestrecktem Zeigefinger ein Kommando oder eine Instruktion gebe: Das wird so oder so gemacht! Solcherart dominante Handbewegungen gehören auch in das Repertoire von Führungspersönlichkeiten. Sie übertragen eine klare Aussage: In diesem Fall möchte ich keine Diskussion, sondern die Ausführung einer Aufgabe nach meinem Wunsch oder nach dem Plan, den ich

Ein klares Konzept. Die Kopfhaltung ist gerade: So wird es gemacht, und durch diesen Tunnel möchte ich, dass die Dinge laufen! Deshalb schirmen die Hände jeden Eingriffsversuch in sein Konzept gegen beide Seiten ab. Es ist ihm ganz klar, wie es laufen soll. Bei ihm gibt es keine offenen Bewegungen, dafür eine absolute Bestimmtheit. Hier wird nicht verhandelt, sondern die Richtung bestimmt.

euch vorgelegt habe! In anderen Fällen lasse ich mit mir reden, kann ich mit euch diskutieren und eure kreativen Gedanken nutzen. In jeder Gruppe, in jedem Betrieb müssen beide Formen von Führung nebeneinander existieren. Auch wenn meine Partner oder Mitarbeiter daran gewöhnt sind, dass ich die Dinge mit ihnen erörtere, dass ich für den Austausch von Vorschlägen und Optionen offen bin, muss ich in anderen Fällen auch sagen können: Nein, ich möchte, dass es diesmal allein nach meinem Willen geht. Es ist das Recht und manchmal sogar die Pflicht einer Füh-

Auf der einen Seite Nachdenklichkeit, wie der geneigte Kopf erkennen lässt, aber auf der anderen zwei Fäuste. Es scheint, dass Sophie kämpfen will. Wenn wir aber von oben genau hinsehen, bemerken wir dass der Daumen der linken Hand zwischen den Fingern liegt. In diesem Moment ist sie nicht mehr schlagkräftig, denn wenn der Daumen zwischen den Fingern steckt, birgt jeder Schlag, den ich führe, die Gefahr, dass ich mir durch den Druck von außen auf die Finger den Daumen breche.

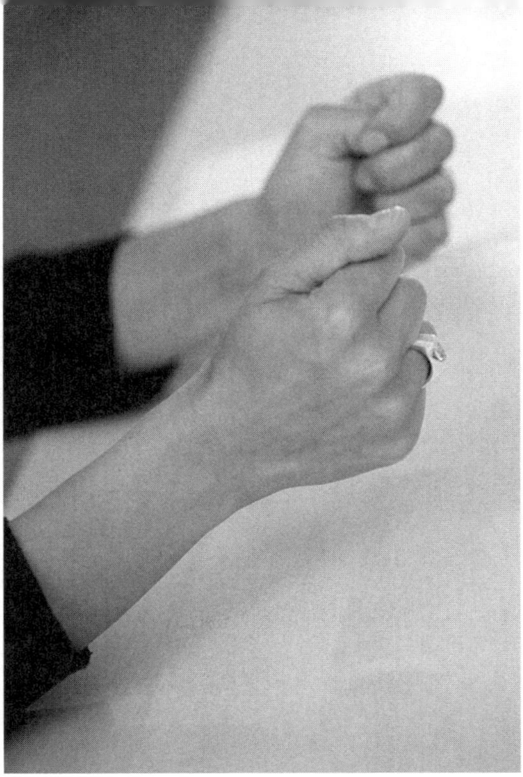

Anders sieht es bei der rechten Hand aus, deren Daumen draußen ist. Sophie ist demnach zwar bereit zu kämpfen, schwächt sich jedoch gefühlsmäßig zugleich selbst durch den Daumen in der Innenhand. Es handelt sich also um eine gefährliche Bewegung für sie selbst während einer Verhandlung, weil sie das Durchsetzungsvermögen schwächt.

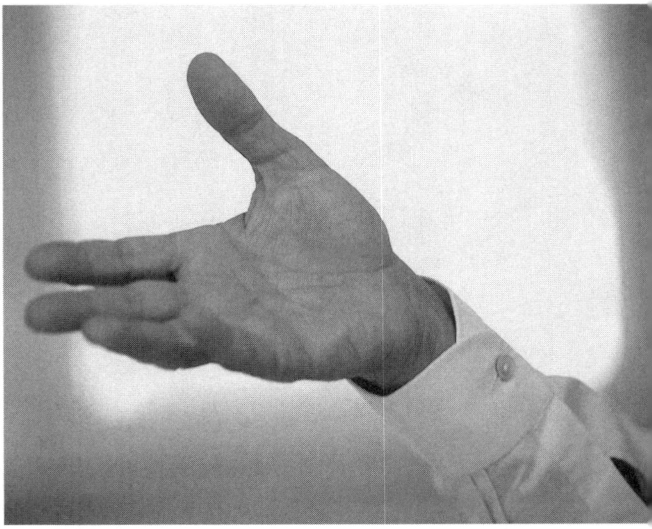

Einfach eine offene Hand

rungspersönlichkeit, ihre präzisen Vorstellungen durchzusetzen, und die kommen eben in Begleitung dominanter Bewegungen, damit die anderen sofort verstehen: Hier darf ich nicht ausweichen, ich muss mich der Anweisung fügen. Benutzt eine Führungskraft ausschließlich dominante Handbewegungen, gehört sie zu den Menschen, die sich zwar sehr stark fühlen, jedoch den Fehler machen, Mitarbeiter und Partner vollständig zu entmündigen, und missachtet ihr Potenzial an Vorschlägen, die sie machen könnten, es aber nicht tun, weil der Handrücken sie nicht annähme. Verfügen wir also über ein in unseren Augen vollkommen schlüssiges Konzept, liegt es nahe, dass wir uns weigern, den anderen zuzuhören, weil wir an unserem Konzept festhalten wollen. Wir müssen aber wissen, das wir damit auf kreative, brauchbare Konzepte verzichten, die andere aus ihrem anderen Blickwinkel beisteuern könnten. Vielleicht wollen sie uns ja auch nur auf potenzielle Gefahren aufmerksam machen, die unser Konzept birgt. Blockieren wir derartige Einwürfe, bekommen wir sie natürlich gar nicht zu hören. Wenn dann die Gefahr erscheint, kann es womöglich zu spät sein, ihr aus dem Weg zu gehen. Eines kommt noch hinzu: Betrachten wir unsere Mitarbeiter wie ein General seine Soldaten als Werkzeuge, mittels derer wir unsere Vorstellungen verwirklichen, dürfen wir nicht von ihnen erwarten, dass sie mehr tun, als ihnen aufgetragen ist, dass sie, für den Fall, dass etwas schief geht, den eigenen Kopf anstrengen werden, um einen Ausweg zu finden. Sie entziehen sich jeder Eigenverantwortung. Die dominante Bewegung kann also zwar ihren Sinn und ihre Berechtigung haben, es wäre jedoch klug, die Bereitschaft zuzuhören in uns und bei anderen wachzuhalten.

Ich zeige unmissverständlich auf eine Stelle in meinem Konzept, die zeigt, was ich von Sophie erwarte. Sie deutet mit ihrer Hand eine Grenze an, und das kann heißen: Das geht nicht so ohne Weiteres. Oder: Hier müssen wir einen Schnitt machen oder definieren. Oder: Hier liegt die Grenze unserer Möglichkeiten.

Neue Amazonen?

Sophie stellte die interessante Frage, wie weit eigentlich Männer im Allgemeinen dominante Handbewegungen von Frauen akzeptieren.

In der Tat kann hier ein Problem auftauchen, wenn ihnen das alte männliche Weltbild dadurch durcheinandergerät. Dabei kennen sie die Situation sehr gut, denn auch die Mutter konnte sich dominant zeigen. Überdies bestand die Aufgabe für die nachwachsende Generation immer darin, sich zur richtigen Zeit von der dominanten Autorität von Vater *und* Mutter zu befreien. Früher stand die Autorität des Vaters als ein typisches Männerbild fest, das sich auch nach außen zu zeigen hatte, während die mütterliche Autorität nur im häuslichen Kreis den Kindern gegenüber aufzutreten hatte, keineswegs nach außen. Als reif galt ein Knabe erst, wenn er sich vom Schutz und von der Dominanz der Mutter befreit hatte, sonst galt er als Muttersöhnchen. Hierin liegt ein Grund für die Empfindlichkeit von Männern gegenüber weiblicher Dominanz in der Berufswelt.

Das Problem von Dominanz lässt sich zunächst in doppelter Weise angehen. Auf der einen Seite gilt es, zu akzeptieren, dass es Spielregeln gibt, auf der anderen Seite muss der Vorsatz gestärkt werden, die Dinge in Frage zu stellen und damit zu erneuern.

Verbales und körpersprachliches Vokabular

Frauen benutzen seltener dominante Handbewegungen als Männer, auch weil das weibliche Vokabular ein anderes ist. Sie werden Fragen stellen, werden Optionen anbieten. Wie wollen wir es machen? Wie würde es dir gefallen? Männer benutzen eher ein Militär- oder Sportvokabular. Kampf ist angesagt. Wir sprechen von Attacke, wir sprechen von Strategie. Wir benutzen Sprachbilder aus der Welt des Fußballs: Foul und outside, Eigentor und rote Karte. Alles Begriffe, die von Frauen zwar verstanden werden, aber ihrem Weltempfinden fremd bleiben. Frauen werden ihrer Natur nach ihre Wünsche viele eher in Fragen oder Optionen kleiden, als Männer es tun. Und auch wenn sie unumwunden sagen, was sie wollen, werden sie ihre Worte seltener mit dominanten Handbewegungen begleiten. Selbstverständlich haben Frauen das gleiche Recht wie Männer, dominant aufzutreten. Sie nehmen die Dinge genauso gut in die Hand, ziehen ihre Vorhaben durch und können sich in der Gruppe gegen andere Meinungen durchsetzen, wie die Männer es für sich in Anspruch nehmen.

Genauso wie sich das männliche Vokabular auf kämpferische Auseinandersetzung bezieht, sind auch ihre körperlichen Ausdrucksweisen von Kampf und Kraft geprägt. Geballte Fäuste zum Beispiel sind bei Männern häufiger zu sehen als bei Frauen. Bewegungen des Abschneidens oder Abhackens gehören zur männlichen Körpersprache. Männer begnügen sich oft damit, in ihren Gesten Kraft und Macht und Zupacken zu demonstrieren, eine relativ undifferenzierte Stellungnahme zu Welt und Dingen. Währen sich die Hände bei Frauen eher öffnen. Sie machen Vorschläge, setzen auf Optionen und halten mit ihren Handbewegungen manches Gespräch offen. Was nicht im Gegensatz dazu steht, dass sie genauso dominant und bestimmend sein können wie Männer, nur dass sie nicht auf den Ausdruck von Kraft setzen. Selbstverständlich erhöht sich die Ausdrucksmöglichkeit von Handbewegungen, wenn sie sensibel geführt nach Lösungen suchen. Und so sollte Führung eigentlich sein. Die Welt ist komplexer, differenzierter geworden. Das alte System einer Welt, in der ein General befiehlt: Soldaten folgt mir. Es geht auf den Feind! Und alle folgen ihm, ohne überlegen zu dürfen, welche andere Option es hätte geben können. Diese Zeiten sind lange vorbei. Führung heißt heute nicht mehr, den Kampf zu suchen, sondern herauszufinden, wie sich Energien und Synergien nutzen lassen, damit wir leichter und sicherer vorwärtskommen.

Was Differenziertheit des Vorgehens, was Gesprächsentfaltung und Offenheit angeht, haben die Männer viel von den Frauen zu lernen. Zur Handhaltung allgemein ist zu sagen, dass Männer viel mehr als Frauen dazu neigen, im Gespräch die eine Hand mit der anderen zu decken, so dass der Handrücken nach oben zeigt. Frauen öffnen leichter die Hände. Wir können davon ausgehen, dass der Grund dafür, dass Männer sich weniger leicht öffnen, in der archaischen Aufgabenteilung der Geschlechter liegt, als der Mann zu Kampf und Jagen bestimmt war, während die Frauen auch in dieser Frühzeit bereits Zusammenarbeit und Arbeitsteilung praktizierten.

Eine Hand, die durch die Luft schneidet, sozusagen mit der Handkante, vollführt einen sehr geraden und scharfen Schnitt. Hier werden Grenzen gesetzt: Bis hierher darfst du gehen oder bis hierher reicht dein Aufgabenfeld. Es kommt nun darauf an, wie der andere auf diese Grenzziehung reagiert. Nehmen wir einmal an, ein Mitarbeiter wird mit einem so scharf umrissenen Auftrag auf die Reise geschickt, und es eröffneten sich fern von der Zentrale andere Optionen für eine erfolgreiche Durchführung seiner Aufträge. Wird er es wagen, die mit dem Handkantenschnitt bezeichneten Grenzen zu überschreiten? Wahrscheinlich nicht. Damit kann die bessere Vorgangsweise, die eine »weibliche Hand« zu bieten hätte, verschenkt sein. Auf der anderen Seite weiß der Verantwortliche vielleicht, dass jener Mitarbeiter dazu neigt, seine Grenzen mutwillig zu überschreiten, und die scharfe Grenzziehung ist die richtige Maßnahme. Wir sind also aufgefordert, uns bewusst zu machen, welches Signal ich durch meine Bewegungen aussende, aber auch an wen ich mich damit wende.

Die Schulterpartie

Neige ich meine Schulterpartie nach vorne, neigt sich der Brustkorb mit, die Arme hängen schwer herab, die Sauerstoffzufuhr wird vermindert, was dazu führt, dass Energie und Dynamik sich reduzieren. Es ist nur natürlich, dass der so geschwächte Mensch von seinen Leuten erwartet, dass sie die wesentliche Funktion des Handelns übernehmen. Er wird vielleicht von der Vorstellung ausgehen, dass er lediglich noch zu planen brauche, aber nicht mehr selber zugreifen müsse. Es kommt nun alles darauf an, wie klar er seinen Mitarbeitern die Information gegeben hat: Ich erwarte von euch, dass ihr handelt. Ich bin nur der Kopf, zu handeln ist jetzt eure Aufgabe. Zu handeln heißt aber immer, etwas hier und jetzt zu tun und auch Entscheidungen zu treffen hic et nunc. Wenn jemand also hier und jetzt handeln soll, muss es ihm auch erlaubt sein, seinen Kopf zu benutzen. Andernfalls müsste er immer wieder fragen, darf ich das machen oder darf ich es nicht machen. Was auch für die Führungskraft eine erhebliche Belastung darstellen würde. Also muss sie dem Mitarbeiter ausreichend Spielraum geben, damit er so genannte Feldentscheidungen selber treffen kann.

Hängender Brustkorb, abgerollte Schultern und gebeugter Rücken weisen oft auf eine Person, die schwer an ihrer Verantwortung trägt und diese Verantwortung als Last empfindet. Führungskräfte, die derart bildhaft an ihrer Verantwortung tragen, werden, auch wenn sie eine Zeit lang erfolgreich sind, eines Tages an die Grenzen ihrer Belastbarkeit stoßen. Führung bedeutet auch, Verantwortung teilen zu können, und das ist die Voraussetzung für wirkliche Teamarbeit. Ein Team sollte wie unser Körper, wie ein Organismus arbeiten, in dem die Aufgaben verteilt sind. Wer die Verantwortung allein oder hauptsächlich allein schultert und nichts davon abgeben will, vertraut seinen Mitarbeitern nicht, anders gesagt, traut ihnen nichts zu oder will nur das Gefühl haben: Ich bin wichtig, ich trage die Verantwortung! Und dieses Gefühl will er nicht aufgeben, vor allem aber will er die zu erwartende Anerkennung nicht teilen.

Der Nacken

Halten wir den Nacken gerade, ist unser Nacken frei beweglich. Ein gerader und daher beweglicher Nacken ist wichtig, damit ich das ganze Panorama der Möglichkeiten im Blick haben kann. Ich kann mich auf Ziele konzentrieren, bin jedoch gleichzeitig in der Lage, das ganze Bild wahrzunehmen. In das Bild des Wirtschaftsmanagers übersetzt, heißt das, dass aus dieser Beweglichkeit die Möglichkeit resultiert, den Markt als Ganzen im Blick zu behalten, alle Optionen ausfindig zu machen und die verschiedenen Kräfte, die auf den Markt wirken, gleichzeitig überblicken zu können, und zwar auch solche, die nicht unmittelbar mit momentanen Interessen zu tun haben.

Ich erinnere mich an eine Produktgeschichte aus den Sechzigerjahren.

Eine große Firma der Unterhaltungselektronikbranche hatte einen Videorecorder auf den Markt gebracht, der auf einem völlig neuem System aufgebaut war, dessen Vorzug gegenüber allen vorhandenen Geräten darin bestand, dass er statt zwei, wie die Geräte aller Konkurrenten, vier Stunden aus Fernsehprogrammen aufnehmen konnte. Für jene Jahre ein großer Fortschritt, so schien es. Leider musss ich davon ausgehen, dass die Produktmanager ihren Hals nicht genug bewegt und mindestens eine

Entwicklung übersehen hatten: Wie war damals, in den Sechzigerjahren, die Situation auf dem Markt? Die beiden öffentlich-rechtlichen Sender, und nur die gab es, brachten sehr häufig sozialkritische und politische Themen, die schon wegen ihrer Aktualität wenig zur Aufzeichnung reizten. Bei der großen Mehrheit der Leute waren Unterhaltungsprogramme natürlich beliebter. Unterhaltung und vor allen Dingen Spielfilme gab es aber in Fülle in allen Videotheken. Dort haben die Leute ihren Bedarf an Unterhaltungsfilmen gedeckt. Was resultiert daraus? Die Idee war gut, das Produkt war gut, aber ich nehme an, der Horizont war nicht ganz im Bild, Kopf, Hals und Nacken hatten ihren Bewegungsradius nicht weit genug genutzt, um das soziale Panorama vollständig wahrzunehmen, um zu erkennen, wo der Bedarf war, um beurteilen zu können, ob das Produkt zu jenem Zeitpunkt ein Erfolg werden konnte. Das wurde es leider nicht. Es wurde ein Flop.

Offenheit oder Konfrontation?

So viel zur Beweglichkeit des Nackens. Dagegen fixieren wir den Nacken, wenn wir uns auf einen bestimmten Weg festlegen, auf ein bestimmtes Ziel, das wir unbedingt erreichen, auf eine bestimmte Aufgabe, die wir exakt ausführen wollen. Wir blockieren jede Ablenkung von anderer Seite. Bei einem Gesprächspartner, der in gerader, jedoch lockerer und freier Kopfhaltung, knappen, genauen Handbewegungen Instruktionen gibt oder Vorschläge macht, kommt kein Zweifel daran auf, wohin er gehen und wohin er führen will. Es sollte ihm gelingen, deutlich zu machen, dass er auch Nebenschauplätze wahrnehmen kann, ohne mit ihnen Zeit zu verschwenden. Seine insgesamt lockere Kopfhaltung erlaubt es ihm. Diese aufrechte Haltung von Kopf und Nacken vermittelt den Eindruck von Sicherheit und Zielstrebigkeit; in erster Linie bei männlichen Gesprächspartnern allerdings auch den Eindruck von Konfrontationswillen: Ich will das durchstehen, bin bereit dafür zu kämpfen und stehe mit meiner ganzen Überzeugung in dieser geraden Position zu meinem Ziel. Frauen neigen dank ihrer anderen natürlichen Gaben zu anderen Konstellationen und vermeiden meist die unmittelbare Konfrontation. Je mehr sie jedoch in

der Männerwelt agieren, übernehmen sie auch diese Art des bestimmenden Ausdrucks. Vielleicht sollten sie sich von Zeit zu Zeit ihrer natürlichen Möglichkeiten besinnen.

Die beste Position zuzuhören

Neigen wir den Kopf ein wenig zur Seite, statt mit gerader Kopfhaltung unseren unbedingten Willen zu demonstrieren, finden wir die beste Position, um zuzuhören. Wir legen auf diese Weise einen Halsflügel frei, und das heißt: Ich vertraue dir! Und deshalb kann ich meine Halsschlagader ungeschützt lassen. Ich höre zu. Der Körper ist in dieser Position entspannt. Das Gefühl von Weichheit, das so entsteht, müssen wir deutlich von Schwäche trennen. Um zu verstehen, dass Weichheit auch Stärke bedeuten kann, brauchen wir nur an die Kraft des Wassers zu denken. Weichheit kann also auch sehr stark sein. Mein Zuhören muss dem anderen das Gefühl vermitteln, dass es nicht gegen ihn gerichtet, sondern ihm zugeneigt ist, genau so, wie das Wort es ausdrückt. Diese Zuneigung drückt sich in der Bewegung aus. Sie hilft dem anderen, seine Gedanken freier und damit besser und ausführlicher zu formulieren. Anders gesagt: Wir erhalten bessere und ausführlichere Informationen, was schließlich unsere Entscheidungsfindung erleichtert. Je besser wir das Feld kennen, je detailreicher unser Wissen darüber ist, desto klarer werden unsere Entscheidungen ausfallen und desto sicherer sind wir vor unliebsamen Überraschungen. Haben wir lange genug zugehört und wollen nun antworten, werden wir in die aufrechte, gerade Haltung von Kopf und Blick zurückkehren und dann eine absolut klare Entscheidung treffen. Die andere Möglichkeit ist, den Kopf weiter geneigt zu halten und eine Antwort zu geben, die keine endgültige Entscheidung bringt, sondern einen Gegenvorschlag, der den Dialog offenhält. Wir unterscheiden also zwischen einem offenen Dialog, in dem wir einander die Bälle zuwerfen, Zuneigung und Interesse austauschen und der Entscheidungssituation, die wir durch die gerade Stellung von Kopf und Blick herbeiführen. Ich definiere mein Ziel genau und signalisiere meinen Willen dieses Ziel anzusteuern.

Tom hört nicht richtig zu. Zwar scheinen die zusammengezogenen Augenbrauen und der Versuch zu fokussieren auf Konzentration zu deuten, aber das kleine Ausweichen seines Körpers vermittelt mir das Gefühl, dass er lauer und wartet: Wann kann ich zupacken? Wo steckt der schwache Punkt, auf den ich innerlich warte, um mich dar festzumachen?

Hier hört er aufmerksam zu. Seine Haltung ist gerade, der Kopf ein wenig geneigt, aber dem Partner offen zugewandt, und die Augen schauen offen.

Die Augen sprechen mit

Eine der wichtigsten Prämissen für den Erfolg eines Gesprächs liegt darin, dem jeweiligen Gesprächspartner meine volle Aufmerksamkeit entgegenzubringen. Der Erfolg in einem Gespräch hängt davon ab, ob es uns gelingt, unseren Partner zu öffnen, sein Vertrauen zu gewinnen und ihn schließlich zu motivieren. Und das tun wir, indem wir ihn absolut ernst nehmen und ihm unsere volle Aufmerksamkeit für seine Vorstellungen und seine Anliegen deutlich machen. Ob wir später Ja oder Nein sagen, liegt auf einer anderen Ebene. Während des Gesprächs sollten wir die Augen offen dem Gesprächspartner zuwenden. Dabei darf der Blick den anderen nicht fixieren, so dass er sich beobachtet und kontrolliert fühlt. Die kleine Neigung des Kopfes hebt eine solche Spannung auf. In jedem Gespräch gibt es Momente, in denen der Zuhörende für kurze Zeit mit sich selbst zurate gehen möchte, also seine Aufmerksamkeit sekundenlang

Sophie hört mit offenem Gesichtsausdruck zu. Die gezupften Augenbrauen vermitteln uns etwa das gleiche Gefühl, als wären sie hochgezogen.

vom Partner abzieht. Für solche Fälle rate ich, die Augen kurz zu senken. Das bedeutet: Ich muss kurz überlegen, bin aber noch da und kehre zu dir zurück! Wende ich die Augen dagegen nach links oder rechts, kann beim Gesprächspartner der Eindruck entstehen, dass ich aus dem Gespräch entfliehen will, nicht weiter mit ihm zu tun haben möchte, sondern mich am liebsten in die Büsche schlagen würde. Gehen die Augen nach links oder rechts, drängt sich der Fluchtgedanke am ehesten auf. Gehen die Augen nach unten zur Brust, ist es deutlich ein Insichgehen.

Wir schauen also unserem Gesprächspartner voll ins Gesicht, um ihm unsere ungeteilte Aufmerksamkeit zu zeigen, blicken ihm aber nicht starr in die Augen, sondern beziehen ihn als Ganzes in unseren Blick ein, indem wir die Augen leicht über sein ganzes Gesicht, über Hals und Brust gleiten lassen und damit die erwähnte Fixierung auf sehr natürliche Weise vermeiden. Wir verteilen unser Interesse über sein gesamtes Energiefeld.

Die Augenbrauen zeigen nach oben, was stets Interesse signalisiert: Davon möchte ich mehr erfahren! Das ganze Gesicht strahlt. Die Lebendigkeit in meinem Körper und im Gesichtsausdruck nimmt zu, da sich mein Organismus rezeptiv auf etwas vorbereitet. Der Energiefluss verstärkt sich. Dem Gesprächspartner geben meine hochgezogenen Augenbrauen regelmäßig das Gefühl, dass seine Darstellung mich interessiert und ich engagiert bei der Sache bin, ich befinde mich in einem dynamischen Prozess, da ich mehr erfahren will.

»Gibt es die Möglichkeit«, fragte Tom, »durch eine bestimmte Mimik Aufmerksamkeit zu signalisieren? Oder genügt es, konzentriert zuzuhören?«

Gelegentliches Hochziehen der Augenbrauen signalisiert Interesse, Erstaunen und stimuliert den anderen wiederum, mehr über seine Vorstellungen von sich zu geben. Wer also mehr von seinem Gegenüber hören möchte, wird von Zeit zu Zeit die Augenbrauen heben. Die kleine Bewegung bringt uns selbst, unseren eigenen Körper in eine Habt-Acht-Spannung und weckt das Interesse des Gesprächpartners. Ein Vorschlag, den wir unter erhobenen Augenbrauen unterbreiten, vermittelt unserem Gegenüber unsere Erwartung seiner Stellungnahme.

Selbstverständlich heben wir in unserem Gespräch beide Augenbrauen und nicht nur eine. Denn das würde bedeuten: Welche Hälfte deiner Geschichte hast du mir nicht erzählt? Die einzelne angehobene Braue

Ganz anders als im vorigen Bild von Sophie wirkt ihr Gesichtsausdruck, wenn sie unter zusammengezogenen Brauen den Partner fokussiert. So zeigt der Ausdruck des Gesichts nun: Ich verstehe nicht ganz! Diesen Punkt muss ich noch klären. Noch kann ich damit nicht einverstanden sein. Die kleine Blockade, die das Zusammenziehen der Brauen schafft, deutet auf eine innere Auseinandersetzung mit der Information, die sie gerade erhalten hat.

kann gelegentlich auch humoristisch verstanden werden, drückt aber fast immer Skepsis aus.

Auch wer gerade nur zuhört, sollte auf ein wenig Mimik nicht verzichten. Denn der Gesprächspartner erwartet nicht nur Interesse, sondern auch Reaktion. Wer nicht auf die Rede des andern reagiert, macht den Eindruck, das nichts von dem, was er da hört, eine Wirkung auf ihn hat. Damit will er vielleicht Macht und Überlegenheit demonstrieren, ich glaube jedoch, dass er mit den Signalen von Interesse und Anteilnahme mehr profitieren würde als durch die Demonstration von Macht. Gebe ich dem anderen zu verstehen, dass er zu schwach ist und sich etwas mehr anzustrengen hätte, um mich zu beeindrucken oder auf mich zu wirken, habe ich bereits ein typisches Verhältnis von oben und unten hergestellt. Entweder der von mir auf diese Weise ausgeübte Druck wird Gegendruck erzeugen oder er wird den anderen in die Resignation treiben. Die kleine

Meine Augenbrauen sind an der Nasenwurzel zusammengezogen, dadurch entsteht ein nachdenklicher Gesichtsausdruck. In diesem Fall geht der Blick nach innen und nicht nach außen, als ob ich versuche, mich auf innere Bilder zu konzentrieren.

Wird nur eine Augenbraue hochgezogen, heißt das: Es ist schön, dass du mir das erzählst, aber welche Hälfte deiner Geschichte hast du mir verschwiegen? Es drückt sich darin immer ein kleines Misstrauen aus, noch nicht die ganze Wahrheit gehört zu haben.

Sophie hält den Kopf leicht geneigt, ihr Blick geht seitwärts. Grundsätzlich sollte der Kopf immer der Bewegung der Augen folgen. Gehen die Augen seitwärts und der Kopf folgt nicht, bedeutet das stets eine Blockade. Das heißt: Ich blockiere vorläufig noch die Konfrontation. Der gesenkte Kopf signalisiert: Ich bin zwar noch geneigt, dir zuzuhören, aber ganz überzeugt bin ich noch nicht. Denn bei vollem Interesse hätte ich dich von vorn und mit geradem Blick angesehen.

Gesichtsmimik zeigt dem Partner, dass seine Worte mich erreichen, das sie mich interessieren, vielleicht sogar bewegen, was nicht heißen muss, dass ich am Ende akzeptieren muss, was er gesagt hat. Es hat auf mich gewirkt, aber die Entscheidung bleibt offen. Es kann durchaus sein, dass mich seine Vorstellungen emotional bewegt haben, auch dass sie mir plausibel und damit weiterer Überlegung wert erschienen sind. Aber vielleicht sind sie zu diesem Zeitpunkt nicht realisierbar, mir fehlen die Mittel, sei es finanzieller oder personeller Art. Wir haben also zwischen der Gesprächssituation und deren Voraussetzungen und Anforderungen und dem Entscheidungsprozess klar zu unterscheiden.

Ich versuche, Sophie auf einen Punkt aufmerksam zu machen, der mich interessiert. Meine Augenbrauen stehen hoch. Positive Energie fließt schon aus dem Grunde, dass ich ihre Aufmerksamkeit wecken will. Ihr Ausdruck ist eher gemischt. Die Lippenwinkel zeigen Spannung. Das bedeutet: Ich nehme es so nicht hin, das schlucke ich so nicht herunter! Ihre hochgezogenen Augenbrauen aber zeigen, dass die Angelegenheit für sie noch nicht abgeschlossen ist. Sie braucht lediglich noch mehr Argumente, um sich positiv einzustellen.

Emotionalität weckt Aufmerksamkeit

Natürlich gelten alle diese Regeln auch im umgekehrten Fall, nämlich dann, wenn ich selbst meine Vorstellungen erläutern und mit ihnen durchdringen will. In diesem Fall garantiert meine emotionale Involviertheit auch mein tatsächliches Engagement. Wenn ich hier von Emotionalität spreche, meine ich den angemessenen Ausdruck dieses Engagements und nicht einen Gefühlsstau, der sich in einem Gefühlsausbruch Luft macht. Mit dem Ausdruck der eigenen Begeisterung vermittele ich den Eindruck, dass ich auch später noch hundertprozentig hinter der Sache stehen werde und alle meine Energien in die Durchführung einbringen werde. Das investierte Gefühl regt nicht nur meine Mimik an und gibt ihr Überzeugungskraft, sondern wirkt auch auf meine Stimme. Sie wird ausdrucksvoller, lebendiger. Denn nur Gefühle machen uns lebendig. Intellektuelle Sachlichkeit lässt uns nicht lebendig wirken, sie vermittelt nur Information. Leben ist das, was ich erfahre, was ich erlebe, was ich empfinde. Will ich also etwas lebendig herüberbringen und andere von meinen Vorstellungen überzeugen, sollte die Mimik lebendig mitarbeiten.

Hände und Arme beteiligen sich an einem Gespräch, sie signalisieren, dass ich handlungsfähig bin und bereit zu handeln. Liegen die Hände auf dem Tisch oder noch viel schlimmer, ich halte sie unter dem Tisch versteckt, heißt das unmissverständlich: Ich habe zwar eine Idee, aber ich weiß noch nicht, ob ich mich an der Durchführung oder Durchsetzung beteiligen werde, ob ich zu handeln bereit bin.

Wir haben schon darüber gesprochen, dass Erfolg Fantasie und Engagement verlangt. Dasselbe gilt für die Präsentation einer Idee. Als hilfreich hat es sich herausgestellt, sich die gegebene Situation in positiven Bildern vor sein geistiges Auge zu projizieren, sowohl die eigene Darstellung wie die Reaktion meines Publikums. Durch Druck werden wir nicht viel erreichen, denn Druckausübung macht hart statt geschmeidig, und der Druck wird, wie gewöhnlich, Gegendruck erzeugen. Setze ich dagegen darauf, die Partner zu überzeugen und lasse mein Engagement spüren, zeige meine Freude an der Sache, dann halte ich es offen, ob sie mir entgegenkommen. Es ist wichtig, dass ich die Menschen nicht dränge, nicht

Beide warten ab. Die Hände wollen noch nicht agieren. Tom ist bereit, sich zu öffnen.

Die Öffnung von Tom trägt dazu bei, dass sich Samys linke Hand lockert.

schiebe, sondern ihnen Raum lasse, damit sie die Möglichkeit haben, auf mich zuzukommen. Damit vermittle ich ihnen das Gefühl, es sei ihre Entscheidung gewesen. Ich habe sie dafür begeistert, aber sie haben die Entscheidung selbst getroffen. Damit schafft man sich Partner, die freiwillig mehr Energien in die Sache investieren werden als andere, die sich sagen könnten: Man hat mich nur überredet und ich weiß nicht recht, ob meine Zusage richtig war.

Der Erfolg kennt kein Muss

Über allen diesen Fragen nach Zuneigung, Zuwendung, Gesprächsbereitschaft und deren körpersprachlichem Ausdruck, sollten wir eines nicht vergessen: Der Erfolg kennt kein Muss. Erfolg kann nur erringen, wer die Dinge aus freier Entscheidung angeht. Die Devise heißt: Ich handle souverän. Ich engagiere mich aus freiem Willen und weil ich an die Sache glaube. Wer unter dem Druck des Müssens steht, büßt einen Teil seiner Souveränität ein, und Gefahr ist im Verzug.

»Liegt aber nicht auch eine gewisse Gefahr darin«, fragte Robert, »die eigene Begeisterung allzu offen zu zeigen, statt ›cool‹ zu bleiben, wie es uns von vielen Vertretern des Managements vorgemacht wird?«

Ich habe in einem anderen Zusammenhang schon über das Wort ›cool‹ gesprochen, will aber hier noch einmal sagen, dass diesem viel gebrauchten Wort nicht die Bedeutung von Gefühllosigkeit oder Ausdruckslosigkeit unterlegt werden muss, sondern dass es auch souveräne Offenheit bezeichnen könnte, Offenheit zu den Vorstellungen anderer, Offenheit zu den eigenen Möglichkeiten und Unvoreingenommenheit gegenüber allen anderen. Mit dieser Interpretation des Wortes ließe sich ein Mensch beschreiben, der sich zurücklehnt, allen Vorschlägen und Ideen offen, um nach gründlicher Überlegung eine klare Entscheidung zu treffen. Mit einiger Sicherheit wird sein Erfolg auf diese Weise größer oder wenigstens sicherer sein, als hätte er seine Entscheidung unter Druck getroffen, und zwar gleichgültig, ob der Druck von außen oder von innen, also von seinem eigenen Ehrgeiz, ausgeübt worden ist.

Gesprächsrhythmus aus Sprache und Bewegung

Sich daran zu erinnern, was der andere während seiner Ausführungen für körpersprachliche Signale gesetzt hat, die ich in meinen vorausgegangenen Büchern über Körpersprache ausführlich dargestellt habe, hat seinen Sinn darin, zu wissen, wie ich in meiner eigenen Köpersprache auf seine Signale zu reagieren habe. Wir sollten uns gemerkt haben, was der andere betont hat, für ihn also wichtig ist und was ihm weniger wichtig war. Welche persönliche Betonung er auf Ehrgeiz, Dominanz oder die eigene Befindlichkeit gelegt hat. Darauf kann ich reagieren. Wiederholungen, auch etwa von bestimmten Sätzen oder auch Bewegungen, die als Spiegelungen seines Charakters Bedeutung haben, kann ich unter Umständen übernehmen, z. B., auch seine Art zu sitzen, um ihm das Gefühl zu geben, wir sind in der gleichen Stimmung, darf allerdings nicht zu einer Nachahmung oder einem Nachäffen ausarten. Aber von Zeit zu Zeit kann es von Nutzen sein, durch gleiche Bewegungen und die gleiche Stellung Übereinstimmung zu suggerieren. Denn die gleiche Grundstimmung fördert das Verständnis unter Partnern.

Dennoch sollten wir wissen, dass jede Diskussion von kontroversen Meinungen lebt. Der Austausch von übereinstimmenden Meinungen führt nichts Neues in die Diskussion ein. Meinungsverschiedenheiten, unterschiedliche Energien, die aufeinander prallen, müssen keine destruktive Wirkung erzeugen. Jeder der Partner versucht, den anderen in seinen eigenen Rhythmus zu bringen und auf diese Weise einen neuen Gleichklang herzustellen. Wenn es gelingt, dieses Ringen mit dem Rhythmus des Denkens, der immer auch Sprachrhythmus ist, zur Kommunikation mit dem anderen fruchtbar zu machen, so dass beide denselben Rhythmus empfinden, wird die schließlich gewonnene Übereinstimmung reicher sein an kreativen Ideen, an neuen Gedanken, an Kombinationen von Handlungsweisen, die sich in einer gemeinsamen Strategie vereinen.

Gelassenheit und Toleranz dem Partner gegenüber setzt unsere Tonlage beim Sprechen etwas tiefer. Druck dagegen erzeugt eine höhere Stimmfrequenz, die für den Zuhörenden weniger angenehm wirkt. Eine zu hohe Stimmfrequenz, die unter Druck entsteht, hat mehr von einem Hilfeschrei als vom Ton gegründeter Überzeugung. Ruhiges Denken lässt auch den

Atem ruhig fließen und gibt der Stimme eine dunklerer Färbung. Dabei kann die Stimme durchaus intensiv, dynamisch und lautstark sein, aber nicht unter einem Druck stehen, der sie verengt und scharf oder schrill werden lässt.

Im Gespräch spielt der ganze Kopf samt Hals eine wesentliche Rolle. Über die Neigung des Kopfes zur Seite, die eine rezeptive Haltung repräsentiert, sowie über die gerade Kopfhaltung als ein Signal für Selbstsicherheit und Konfrontationsbereitschaft, haben wir schon gesprochen. Normalerweise schauen wir dem Partner unmittelbar und mit Interesse in die Augen, jedoch ohne ihn zu fixieren. Aber es gibt auch den verschleierten Blick, der uns wie durch eine Milchglasscheibe wahrzunehmen scheint. Da schaut dann jemand mehr in sich selbst hinein als auf sein Gegenüber. Als angenehm empfinden wir vor allem klare und lächelnde Augen. Wenn wir von einem Lächeln sprechen, meinen wir im Allgemeinen die lächelnden Lippen. Ein wirkliches Lächeln beginnt jedoch stets bei den Augen. Die Gutwilligkeit, die Menschlichkeit geben sich in den Augen zu erkennen. Wir sagen nicht umsonst: Die Augen sind das Fenster zur Seele. Von Augen, die einen anderen fixieren, würden wir das kaum sagen. Wir fixieren eine Beute, wir fixieren in der Gefahr unseren Gegner, die Augen ziehen sich zusammen. Der offene, weiche Blick, der Interesse und Entgegenkommen signalisiert, ist ein und dasselbe wie ein lächelnder Blick. Ich nenne diesen Vorgang gern »das Ausatmen durch die Augen«, das vom Partner auch nicht die geringsten Anstrengung fordert, weil ihm der Gesprächspartner sofort sympathisch erscheint und der Austausch zwischen uns von befreiter Energie geleitet wird, so dass wir uns ungezwungen den Aufgaben und Problemen einer Zusammenarbeit widmen können.

Sehen und wahrnehmen

11. Übung: *Wahrnehmung I*

Wir begeben uns häufig in eine bestimmte Richtung, um etwas genau ansehen zu können. Eine Übung, die einfach durchzuführen ist, kann uns helfen den Zusammenhang zu verstehen. Wir gehen einfach einmal durch einen Raum, von Punkt A zu Punkt B. Das nächste Mal suchen wir uns vorher bewusst einen Punkt im Raum, um zu ihm zu gehen. Wir werden feststellen, dass der ganze Körper sich neu organisiert, um zu jenem Punkt zu gehen. Menschen, die gezielt in eine bestimmte Richtung oder zu einer Aufgabe gehen wollen, sollten den Zielpunkt im Auge haben, denn damit werden sie den Unterschied erfahren, den es bedeutet, ob der Körper nur mitläuft, wenn wir gehen oder ob er sich selbst organisiert, um das Ziel zu erreichen. Ich empfehle also, diese Übung einmal zu machen, um ihre Wirkung auf uns selbst und die anderen zu erfahren. Die Arme sollten bei dieser Gelegenheit nicht passiv am Körper herunterhängen, sondern in Bewegung sein, weil sich darin unsere Handlungsbereitschaft zeigt.

Wenn wir uns etwas anschauen, sollten wir unbedingt genau hinsehen. Wie viele Menschen schauen sich etwas an und haben doch nichts gesehen. Sie haben keine Details wahrgenommen. Information aber ist eine Voraussetzung für jeden Erfolg. Die erste Stufe ist, Information aufzunehmen, die zweite, sie in Richtung auf ein mögliches Ziel zu bearbeiten, um drittens herauszufinden, welche Möglichkeiten mir daraus erwachsen könnten.

12. Übung: *Wahrnehmung II*

Eine nützliche Übung für die Wahrnehmung von Informationen lässt sich ganz einfach durchführen: Wir suchen uns in einem Raum eine Zimmerecke aus oder einen Tisch und sehen sie uns möglichst genau an. Wir beginnen mit einer Minute oder einer halben Minute. Dann heißt es wegschauen und einem anderen erzählen, was wir gesehen haben, oder es aufschreiben. Interessant wird nun das Ergebnis im Hinblick darauf, ob wir zufällige Beobachtungen wiedergegeben haben, ob wir wirklich alles wahrgenommen oder was wir weggelassen haben. Zugleich ergibt sich die Frage: Wo habe ich angefangen und nach welcher Ordnung habe ich Informationen gesammelt? Beginne ich damit, die Dinge zu beschreiben, die mir wichtig erschienen sind, springe aber von Objekt zu Objekt und komme dann zu den unwichtigen Dingen, oder beschreibe ich zuerst die großen Objekte und dann die kleinen, oder gelingt es mir, eine systematische Ordnung zu etablieren, indem ich zunächst nach Gruppierungen vorgehe: Rechts gibt es eine Gruppe von Objekten die einen bestimmten Zusammenhang haben, links ist eine Gruppe so und so beschaffener Objekte, dort sind Schreibgeräte, links steht eine Vase mit Blumen usw. Ich schaffe also zunächst eine Ordnung durch die Bezeichnung der Gruppierungen als Erstorientierung. Dann gehe ich ins Detail: Um was für Schreibgeräte handelt es sich und wie sind sie auf dem Tisch geordnet? Wie sieht die Vase aus und was für Blumen stecken darin? Es geht bei dieser Übung darum, zu erfahren, welche Systematik der Beschreibung für mich die richtige ist und welche dem anderen am besten hilft, meine Informationen rasch zu bearbeiten und sich ein möglichst vollständiges Bild zu machen. Gebe ich ihm stattdessen nur einen Haufen Details, ohne dass sie in einer gewissen Ordnung zueinander stehen, wird der Empfänger meiner Informationen sich nicht zurechtfinden können. Er hat Informationen in Fülle, aber er sieht den Tisch oder im anderen Fall die Zimmerecke nicht.

Fangen wir einmal mit der Beschreibung des Tischs an, indem wir davon ausgehen, was von unserem Blickwinkel aus nah zu uns stand und was weit. Der Tisch hat so gesehen einen vorderen Teil und einen hinteren, eine rechte Seite und eine linke, und schließlich besitzt er eine Mitte. Wie teile ich diesen Raum für meine Beschreibung auf. Danach frage ich mich: Gab es Farben oder habe ich Farben weggelassen bei meiner Recherche? Gab es Klänge im Raum? Es gibt viele Momente, die zu dem Bild beitragen können, das ich vermitteln möchte. Ich sprach gerade von Farben. Beschreibe ich die Bücher auf dem Tisch nach ihrem Genre, also etwa Sachbücher, oder fällt es mir leichter, mich in meiner Beschreibung an ihre Farben zu erinnern, was dem bildlichen Charakter meiner Recherche entsprechen würde. Vielleicht gibt es Bilder auf dem Tisch. Würde es vielleicht meiner Beschreibung nützen, wenn ich mir merke, was sie zeigen. Sind es Familienbilder, Bilder von Sportwagen oder Kunstdrucke? Alles Details, die etwas über ihren Besitzer aussagen könnten oder auch über den Raum, den ich beschreibe. Passt alles zusammen und gibt es etwas das den Rahmen sprengt? Beschreibe ich auch die subjektive Wirkung, die das Ganze auf mich hat oder nur die Fakten?

Diese Übung kann uns darüber Auskunft geben, wie aufmerksam und genau wir etwas zu sehen vermögen, wie unser Gehirn ordnet und in welcher Weise wir Informationen weitergeben. Das gilt übrigens genauso für die Beschreibung eines Menschen. Was sehe ich an ihm? Sehe ich seine Kleidung, sehe ich sein Verhalten, sehe ich seinen Ausdruck, fallen mir Unterschiede zu früheren Begegnungen auf, wo befindet er sich im Raum, wie verhält er sich im Raum? Man glaubt, es müsse sehr lange dauern, um sich so viele Details und viele andere dazu merken zu können. Mit einiger Übung und einiger Praxis wird jeder erfahren, dass sich mit einem Blick auf einen Tisch von nicht mehr als ein paar Sekunden alles beschreiben lässt, was sich darauf befindet.

Von der Reichweite unseres Blicks

In Führungsetagen gehört die Aufnahme und Weitergabe von Informationen zu den wesentlichen Herausforderungen für jeden Beteiligten: Wie nimmt er Informationen wahr, und wie wählt er sie aus? Ist er in der Lage, sie auf eine Weise weiterzugeben, dass die Mitarbeitern ein klares Bild von den Projekten und Produkten erhalten, an denen sie mitarbeiten werden. Welches Bild macht er sich von einem neuen Geschäftspartner, einem neuen Mitarbeiter? Was hat er wahrgenommen? Ausdruck, Haltung, Kleidung, Schmuck: Was sagt ihm das alles?

Jeder von uns möchte wahrgenommen werden, und zwar nicht nur im Moment, sondern auch in der Erinnerung. Deshalb ist es uns wichtig, dass Details unserer Erscheinung und unseres Wesens beim andern hängen bleiben und er sich an sie erinnert. Wird uns z. B. ein Projekt präsentiert, sollten wir uns nicht ausschließlich zur Sache äußern, sondern auch unseren Eindruck von der gesamten Präsentation sagen, was nicht weniger wichtig ist. Denn eine Präsentation, die Darstellung eines Projekts, verläuft stets auf zwei Ebenen. Ein Informationsstrang betrifft die sachliche, objektgebundene Darstellung, der andere berührt die psychologische, emotionale Ebene. Was bei uns hängen bleibt und uns motiviert, also der wichtigste Teil, ist immer die psychologisch emotionale Information, also das, was auf unser Empfinden eingewirkt hat. Sagen wir nicht sehr oft nach einer Sitzung: Ich habe ein gutes Gefühl bzw. ich habe kein gutes Gefühl bei dieser Sache? Vom sachlichen Teil der erhaltenen Information sprechen wir sehr viel weniger.

In diesen Zusammenhang gehören Übungen wie die folgende, mit der wir die Beweglichkeit von Kopf und Augen trainieren. Es geht dabei um die Reichweite unseres Blicks.

13. Übung: *Wahrnehmung III*

Wir schauen nach links und rechts und versuchen dabei unseren Blick auszudehnen, den Winkel zu verstärken, so dass ein breiterer Horizont erreichbar wird. Kopf, Hals und Augen sind beteiligt, um die Spanne unserer Sicht erweitern zu lernen. Wir stellen fest, dass die Augen noch immer einen Spielraum haben, wenn die Drehung von Hals und Kopf ihren Endpunkt erreicht hat.

Wir trainieren die Reichweite unseres Blicks physisch, um mental wahrzunehmen, dass sich stets noch ein wenig mehr Information erreichen lässt.

Alle diese Bewegungen sollten fließend sein und nicht mit Gewalt durchgesetzt werden. Ich glaube nicht an gewaltsame Lösungen. Elastizität erreiche ich nur, wenn ich den Bewegungsfluss unterstütze. Das war eine kleine Reise durch unseren Körper und seine Teile.

Diese kleine Übung soll darlegen, dass es immer noch einen Bewegungsraum zu gewinnen gibt, wenn wir längst glauben, am Ende unserer Beweglichkeit angekommen zu sein. Der Kopf dreht sich so weit wie möglich nach außen. Die Bewegung der Augen setzt von diesem Punkt aus die Bewegung fort und erweitert das Blickfeld.

Bewegung ist Erfolg, Erfolg ist Bewegung

Bewegen wir uns! Wir bewegen uns immer von einem Punkt zum andern. Wie wichtig Bewegung ist, sagt uns schon der Sprachgebrauch:

Wir brauchen Beweggründe. Es bewegt sich nichts. Beweglichkeit ist ein durch und durch positiv besetztes Wort, und wie viel Bewegung steckt in dem Wort Fortschritt!

Ich will hier nicht wiederholen, was ich in früheren Büchern durch Schrittanalysen über Schritte und ihre Aussagekraft gesagt habe. Worüber ich jetzt spreche, sind die Schritte zum Erfolg, genauer gesagt, das Schrittmuster von Erfolgreichen.

An erster Stelle steht wieder der Bodenkontakt. Wir sehen es einem Menschen beim Gehen an, ob er ihn hat. Er rennt nicht weg, sondern, wie schon einmal gesagt, er schreitet. Seine Fußsohle nimmt ausdrücklich Kontakt auf mit dem Boden. Er hat keine Scheu, den Boden mit seinem Gewicht zu belasten. Im übertragenen Sinne heißt das: Eine Führungspersönlichkeit darf sich nicht scheuen, anderen eine Aufgabe zu erteilen. Aufgaben zu vergeben heißt ja nicht, andere zu belästigen. Denn eine Aufgabe zu haben, wünscht sich jeder und nimmt die damit verbundene Belastung in der Regel gern in Kauf. Allzu schnelle Bewegungen sind eher schädlich. Wer sich auf sie einlässt, vermittelt den Eindruck, die Punkte, die er wahrnehmen müsste, nicht zu bedienen, weil er vorübereilt, ständig in der Gefahr, nicht alles wahrzunehmen. Er ist so auf sein Ziel fixiert, dass er unterwegs stolpert, vielleicht sogar fällt, weil er nicht begriffen hat, dass der Weg zum Ziel aus einzelnen Schritten, aus einem Schritt nach dem andern, besteht. Der Gang sollte fließend sein, nicht sprunghaft, nicht stotternd. Die Schritte selbst sollten etwas länger sein als bei einem Tempo, das man mit mäßig bezeichnen würde, was heißt: Ich wage es über das ausbalancierte Schrittmaß hinauszugehen, nehme das Risiko auf mich, ohne mich dabei ganz auszugeben. Ein zu langer Schritt birgt die Gefahr, Einzelheiten zu übersehen. Kleine Schritte – und es gibt Erfolgreiche, die sehr kleine Schritte machen – weisen auf gesteigerte Vorsicht im Verhalten hin. Es handelt sich meist um Menschen, die ihre Schritte lange vorher bedenken, lange an Details arbeiten, Details sammeln, bevor sie eine Entscheidung treffen. Sie vermeiden dadurch Fehler, kommen aber manchmal zu spät. Denn natürlich gibt es Situationen, in denen eine mutige und schnelle Entscheidung notwendig ist. Grundsätzlich erwarten wir von einem erfolgreichen Manager, dass er sich die größeren Schritte zutraut und trotzdem die Ruhe behält, bei jedem Schritt zu wissen, wo er sich befindet, wen er belastet, und indem er den Boden spürt, auf dem Boden der Tatsachen zu bleiben.

Das Gefühl für Territorien

Erfolg verleiht Status, und damit entwickelt sich eine Beziehung zu Territorien. Ein Erfolg gewohnter Mensch wird beim Betreten eines Raumes nie an der Türschwelle stehen bleiben, sondern wie selbstverständlich eintreten, und zwar auch, wenn es sich nicht um sein eigenes, sondern um ein fremdes Territorium handelt. Er nimmt sich das Recht, den Raum ohne weiteres zu durchschreiten, bis zu der Stelle, an der er vom Herrn oder der Herrin des Territoriums empfangen wird. Wer nur bis zur Mitte des Raumes geht oder gar an der Türschwelle wartet, offenbart bereits seine Unsicherheit oder lässt erkennen, dass er nicht daran gewöhnt ist, größere Räume zu betreten, oder nicht den Mut hat, in das Territorium anderer einzudringen. Erfolgsmenschen besitzen diesen Mut, weil sie gewohnt sind, den Schritt ins Unbekannte bzw. ins Risiko zu wagen, womit ich nicht einem unbedachten Risiko das Wort reden will. Also gehen wir aufrecht bis zum Gastgeber durch den Raum, nehmen die uns entgegengestreckte Hand fest in unsere, schauen ihm in die Augen und tauschen mit ihm ein paar höfliche Sätze.

Empfange ich selbst Gäste oder Geschäftspartner in meinem Haus, werde ich auf keinen Fall hinter meinem Tisch sitzen bleiben. In Ämtern wird das auch heute noch praktiziert, denn der Schreibtisch signalisiert Funktion und manchmal auch Machtbereich, jedenfalls weist der Schreibtisch den Sachbearbeiter als Funktionsträger aus.

Im Übrigen aber gilt, dass offenes Begegnen ohne Barriere dem Partner sagen soll: Ich begegne dir in offener Souveränität. Ich komme dir als Person entgegen und begleite dich in meinen Raum, in mein Territorium. Ich werde also nicht an meinem Schreibtisch kleben, aus Angst, der ande-

Ich betrete einen Raum, bleibe aber an der Tür stehen, bis man mir erlaubt, weiter in das Territorium vorzudringen. Eine selbstsichere Person, die gewohnt ist, in größere Territorien einzutreten, wartet nicht an der Tür, sondern marschiert ganz selbstverständlich in ein Territorium, auch wenn es fremdes Territorium ist.

re könnte sonst meine Funktion in der Hierarchie meiner Firma, meiner Organisation oder einfach in meinem Hause nicht wahrnehmen. Ich habe daher keine Scheu, dem Besucher entgegenzugehen, ihn zu einem für unser Gespräch geeigneten Platz zu führen. Dabei kann es sich um eine Sitzecke handeln, um einen Konferenztisch oder einen Arbeitstisch, je nachdem, was sich für die Art unserer Unterhaltung anbietet. Auch in dieser Situation gilt, dass wir den Partner direkt ansehen und keine Unsicherheit aufkommen lassen, indem wir die Augen schweifen lassen. Der Besucher muss das Gefühl habe, dass wir ihn sehen, dass wir auf ihn zukommen und uns ihm ganz widmen.

Ich klopfe an die Tür, bleibe aber aus Respekt auf der Türschwelle stehen und trete nicht ein. Ich respektiere also Sophies Territorium und wage nicht wirklich einzutreten, bevor sie mich dazu einlädt. Einerseits befolge ich damit ein Gesetz der Höflichkeit, andererseits kann mein Verhalten auch den Eindruck von Unsicherheit machen: Ich wage es nicht, einen Raum wie selbstverständlich zu betreten.

Im deutschsprachigen Raum ist man gewöhnt, einander die Hand zu reichen. Wir strecken die Hand vor, und zwar nicht zu kurz. Bleibt der Oberarm nämlich eng am Körper, entsteht der Eindruck von Ängstlichkeit und Defensive. Die Augen blicken dem Partner gerade ins Gesicht. Der Druck sollte fühlbar, aber nicht zu stark sein. Ein zu starker Händedruck spricht von übermäßigem Machtbewusstsein und lässt darauf schließen, dass jemand ganz darauf fixiert ist, seine Kraft und Entschlossenheit zu zeigen und nicht bereit ist, sich in erster Linie auf das gemeinsame Projekt zu konzentrieren. Ein Gespräch sollte vor allem dem gemeinsamen Handeln dienen und nicht einer Demonstration von Macht.

»Geht es aber im Endeffekt nicht doch um Gewinnen oder Verlieren?«, fragte Robert.

Die Frage danach, wer gewinnen und wer verlieren wird, wer Schuld trägt an Fehlern oder Versäumnissen, ist stets der falsche Gesprächsansatz. Es sollte darum gehen, wie wir gemeinsam vorwärtskommen. Es geht also um die Sache. Es geht auf keinen Fall um Verlieren, sondern um Gewinnen auf beiden Seiten. Die Sache, um die es geht, hat wieder die beiden Ebenen von Objektivität und Emotion. Beides muss involviert sein. Der feste, nicht zu starke Händedruck gibt dem anderen eine gewisse Sicherheit darüber, dass ich zupacken kann, aber er braucht keine Angst davor zu haben, dass ich ihm dabei die Knochen breche, d. h. Machtspielchen mit ihm treiben würde.

Steht uns eine Dame gegenüber, sollten wir darauf achten, ob sie Ringe trägt. Denn ein allzu starker Händedruck würde ihr wehtun und damit der Kommunikation schaden.

Sitzordnungen und Gesprächskultur

»Für wie wichtig hältst du eine Sitzordnung?«, fragte nun wieder Tom. »Oder lässt man die Gäste sich aussuchen, wo sie sitzen wollen, was mir eigentlich lieber ist?«

Es macht natürlich einen Unterschied, ob ein Gespräch mit einem Partner oder mit mehreren zu führen ist. Bei mehreren Teilnehmern haben wir rechtzeitig an die Sitzordnung zu denken. Die erste Frage, die wir uns stellen, heißt: Wer sollte mit wem reden können? Runde oder ovale Tische begünstigen einen allgemeinen Austausch. Lange Sitzreihen bringen es mit sich, dass ein Gespräch zwischen dem ersten und dem vierten Platz schon ausgeschlossen ist. Es spielt selbstverständlich eine Rolle, wer nebeneinander sitzt und wer wem gegenüber. Schließlich wählen wir den eigenen Platz, je nachdem, welche Rolle wir uns zugeteilt haben. Der Platz am Kopf eines Tisches ist für den Gastgeber nicht immer der richtige, weil damit sofort ein hierarchischer Abstand zwischen ihm und den anderen entsteht. Andererseits ergibt sich dieser Platz, etwa in einem Gespräch zwischen mir als Chef und meinen Mitarbeitern manchmal ganz von selbst. Dabei ist aber darauf zu achten, dass die Entfernung zwischen mir und meinen Mitarbeitern bei einem Projektgespräch nicht zu groß wird, andernfalls entstünde der Eindruck, dass ich mich von der Gruppe distanziere. Dann gibt es mich und die anderen und nicht uns miteinander als ein Netz, das ein gemeinsames Projekt umfängt. Jeder in der Gruppe weiß ohne weiteres, welche Position jeder einnimmt, und es bedarf keiner hierarchischen Ordnung. Oft stellt sich der Platz in der Mitte einer Gruppe als viel günstiger heraus als der am Kopf des Tisches, weil dem Gesprächleiter von dieser Position aus ein engerer Kontakt mit mehreren Gesprächsteilnehmern, links und rechts von ihm und ihm gegenüber gegeben ist.

Der beste Platz in einer Sitzecke ist zweifellos der Mittelplatz. Man kann sich beobachtend zurücklehnen, während die anderen reden, und hat beide Flügel von Diskutanten im Auge. Zugleich befindet er sich sozusagen nie in einer Gegenposition, weder zu der einen noch der anderen Seite.

Unabhängig davon, ob wir mit einem Partner, mit zwei oder mehr Partnern zusammensitzen, grundsätzlich gilt, dass wir die ganze Fläche unserer Sitzgelegenheit in Anspruch nehmen. So nehmen wir sie ganz selbstverständlich in Besitz. Sitzt jemand auf der Stuhlkante, signalisiert er unweigerlich: Es muss schnell gehen. Ich habe keine Zeit! Warum, werden wir uns fragen, sollen wir jemandem, der keine Zeit für uns hat, unsere Zeit schenken? Auch wenn die Zeit drängt, ist es möglich, kurze sachliche Informationen zu liefern, ohne Zeit zu verschwenden, ohne körperlich das Gefühl zu vermitteln: Ich bin ungeduldig. Ich habe nicht viel Zeit für euch!

Zu dritt am Tisch. Wir haben es hier mit einer hierarchischen Sitzordnung zu tun. Einer, in diesem Fall ich, sitzt am Kopf des Tischs, beide Gesprächspartner, Tom und Sophie, in einiger Entfernung von mir an den Tischseiten. Das ist eine hierarchische Distanz. Man wagt nicht, dem Chef zu nah zu kommen. Die hierarchische Distanz schafft aber keinen guten Kontakt und keine zuträgliche Arbeitsatmosphäre. Wir befinden uns in einer Art Einbahnstraße: Ich sage euch, was getan werden muss, und ihr habt es auszuführen!

Zu großer Abstand verbraucht Energie und erschwert die Kommunikation, auch wenn ich hier versuche, Tom etwas klarzumachen, der Kommunikationsfluss ist gehemmt. Tom muss sich bemühen zu erkennen, was ich bzw. was der Chef meint. Die Distanz begrenzt auf jeden Fall die Kommunikation. Sophie fühlt sich ausgeschlossen.

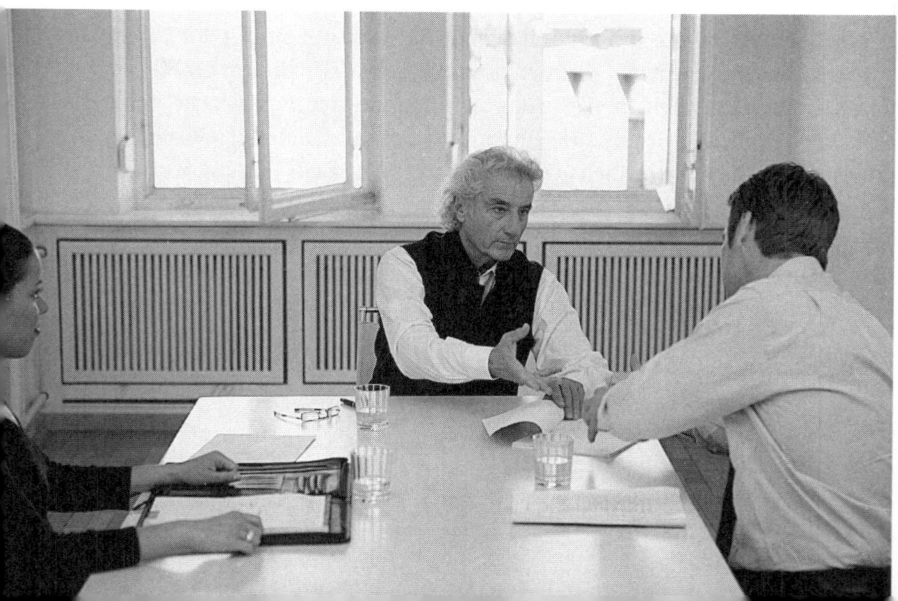

Denn dadurch können sich meine Gesprächspartner herabgesetzt fühlen. Mein Selbstbewusstsein bewahrt mich davor, ständig auf dem Sprung sein zu müssen. Ich nehme meinen Sitz voll in Anspruch und, was wichtig ist, ich lehne mich von Zeit zu Zeit zurück. Denn damit gebe ich die Bühne frei für die anderen, damit sie ihre Argumente vortragen können. Dann kehre ich, auch körperlich, in die aktive Position zurück. Dieses Vor und Zurück wirkt sich positiv auf jedes Gespräch aus, weil es das System eines Dialogs abbildet, den Wechsel zwischen reden und zuhören. Bleibe ich dagegen vorgebeugt, kann ich nicht mehr weiter nach vorn, ohne meinem Gegenüber an die Gurgel zu springen. Außerdem empfindet der andere diese Haltung als Druck, der auf ihn ausgeübt wird, wenigstens als Ungeduld. Der Effekt heißt Sperre.

Ich habe hier bereits darauf hingewiesen, dass es für jedes Gespräch unerlässlich ist, dem Partner Zeichen meiner Aufmerksamkeit zu geben, z. B. durch das Anheben der Augenbrauen, das zustimmende Nicken des Kopfes und andere kleine hilfreiche Gesten. Gleichermaßen war schon die Rede von den »unerlaubten« Machtspielchen, durch die ich meinem Gegenüber meine Überlegenheit und mein Desinteresse zu verstehen

Ich versuche, Sophie durch Blickkontakt einzubeziehen, aber es entsteht keine wirkliche Verbindung zwischen allen dreien. Es geht uns wie drei Billardkugeln, die einander zu treffen versuchen. Tom beschäftigt sich mit den schriftlichen Unterlagen, ich schaue, was Sophie dazu zu sagen hat, aber meine Hand, die auf die Schriftstücke auf Toms Seite weist, sperrt Sophie im Grunde aus.

gebe. Gespielte Teilnahmslosigkeit ist der Tod jeden Gesprächs. Warum führe ich ein Gespräch, wenn nichts dabei herauskommen kann? Nur um dem anderen meine Macht, meine Überlegenheit zu demonstrieren? Was soll es bewirken? Doch nur eines: Der gedemütigte Gesprächspartner wird eine ganz unerwünschte Aggressivität entwickeln, wird Fronten aufbauen, die vorher gar nicht im Spiele waren. Die Antwort ist wiederum eine Verstärkung des Druckes, und so wird viel Energie aufgewendet und vergeudet. Es gibt allerdings Leute, die der Ansicht sind, ohne Kampf gäbe es keinen Sieg. Wenn Problemlösungen fließend vonstattengehen, fehlt ihnen das Gefühl, eine Schlacht geschlagen zu haben und Sieger zu sein. Ungenügen breitet sich aus: Was habe ich schon getan? Der Erfolg erscheint ihnen zu leicht gewonnen. Als könnten wir ihn nur durch Anstrengung und Kampf erringen. Wie oft haben wir in unserer Jugend die Aufforderung zu hören bekommen: Streng dich an! Nach meiner Meinung ist das ein ganz falscher Satz. Denn wenn etwas nicht gleich funktioniert, würde ich sagen: Entspanne dich! Nur mit der Entspannung kehrt der Fluss des

Wenn Tom, und zwar gleichgültig, ob es hier um ein Bewerbungsgespräch oder eine Verhandlung geht, die Akte oder seine Unterlagen unmittelbar vor sich hin hält, baut er damit eine Mauer zwischen sich selbst und Sophie, die ihm gegenübersitzt. Wir sollten diese Situation unbedingt vermeiden, denn sie erzeugt immer eine Spannung, eine Sperre und bei unserem Gegenüber ein unangenehmes Gefühl.

Denkens zurück und mit ihm neue Gedanken, die Erinnerung und der verlorene Zusammenhang.

Das Gefühl der Entspannung öffnet uns für die Information, und das ist wichtig. Denn die kleinen, oft unscheinbaren Reaktionen unseres Gesprächspartners offenbaren uns, wie er empfindet, was wir sagen und was seine Gefühle sagen, während er selbst spricht. Wir empfangen viel differenziertere Details, wenn wir ihn ermutigen zu sagen, was ihm wichtig ist bei dieser Sache. Als Ratschlag kann ich sagen: Erlaube deinem Partner seine Involviertheit auszudrücken, denn nur dann kommen Gefühlsmomente zur Sprache, die unausgesprochen später als Probleme auftauchen, weil wir ihnen nicht die nötige Aufmerksamkeit und den Respekt erwiesen haben, die sie allein dadurch verdienen, dass sie dem Partner wichtig sind. Also fragen wir: Was ist Ihnen wichtig an der Sache? Was haben Sie für ein Gefühl dabei? Solche kleinen Fragen, mit denen wir die Grenze zwischen objektiver Information und Gefühlswelten überschreiten, lassen das Gespräch fließen und machen es ergiebiger und damit auch informativer.

Lege ich die Papiere dagegen auf die Seite, strömt die Energie beinahe automatisch ungehindert zwischen den beiden Gesprächspartnern, auch ohne direkte Konfrontation. Probleme lassen sich leichter lösen, wenn die Energie fließen kann.

Tom hört zu. Seine Distanz zum Tisch und die zurückgezogene Hand zeigen, dass er noch nicht bereit ist, das gerade gehörte Argument anzunehmen. Der Zeigefinger der rechten Hand weist jedoch darauf hin, dass er schon weiß, worauf er hinauswill.

Sophie sitzt zu nah am Tisch, und das engt sie ein. Aus dieser Enge heraus kommt ein größerer Druck in ihre Argumentation. So gelingt es ihr nicht, ihre Argumente in lockerer oder legerer Form über den Tisch zu bringen. Toms rechte Hand liegt wie leblos auf dem Tisch, was nicht darauf hinweist, dass er bereit ist, seine Vorstellung in Handlung umzusetzen.

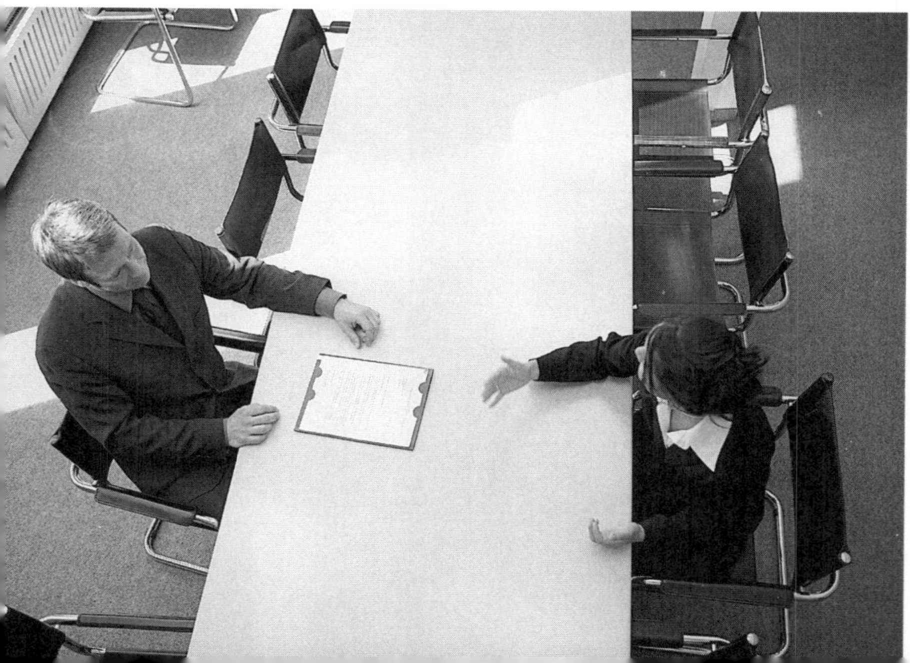

Ähnliches gilt für kleine Einwürfe von unserer Seite: »Das erinnert mich an eine ganz ähnliche Situation ...« Oder: »Genauso ist es mir gegangen ...« Solche kleinen persönlichen Einwürfe verstärken den privaten Charakter eines Gesprächs und fördern den Dialog. Behalten wir dagegen die Gesprächsführung zu fest in der Hand, entsteht eher der Eindruck eines Verhörs als der eines Gesprächs. Die eingestreuten Geschichten aus dem eigenen Leben tragen zur Lockerung jeder Unterhaltung bei, schaffen eine gemeinsame Ebene und gestatten uns, in der gleichen Augenhöhe miteinander zu kommunizieren. Was nicht heißen darf, dass wir zu viel von uns erzählen. Denn das ist nicht Zweck und Ziel eines Geschäfts- oder Projektgesprächs.

Ein negatives Beispiel: Weiterzuargumentieren, wenn der Partner abgelenkt ist, und zwar gleichgültig warum, ist ein Zeichen von Schwäche. Ein souveräner Gesprächspartner würde in jedem Fall warten, bis der andere sich ihm wieder aufmerksam zuwenden kann, und dann erst weiterreden. Was hier zu sehen ist, zeigt nur, dass Sophie in diesem Fall unter Druck steht und daher nicht locker auf das Geschehen in der Situation reagiert.

Tom bringt nicht genug Energie auf, um Sophie aus der Reserve zu locken. Sie bleibt skeptisch, abwartend, während er versucht mit den Händen ein Bild zu beschreiben. Für ein lockeres Gespräch reichte seine Energie vielleicht noch aus, gegenüber Sophies Skepsis jedoch und ihrer abwartenden Körperhaltung müsste er mehr Energie einsetzen.

Gegenseitiges Misstrauen. Beide verschließen sich, sie belauern sich, ihre Arme sind verschränkt, seine Hand hält das Kinn, als hielte er eine Pistole zwischen Daumen und Zeigefinger und warte nur auf den richtigen Zeitpunkt, abzudrücken. Das ganze erinnert an einen Hahnenkampf. Ein Gesprächsfluss ist nicht auszumachen.

Offenheit schafft auch Herzlichkeit. Zwischen diesen beiden fließt die Energie problemlos.

Zeigefinger und zusammengezogene Brauen, zusammen mit dem konfrontierenden Blick zeigen Dominanz: Ich erwarte, dass dieser Punkt und diese Sache in meinem Sinne erledigt werden. Es wirkt fast wie eine Drohung: Hier wird nicht diskutiert, es muss so gemacht werden.

Wenn das Gespräch einmal stockt

Ein Gespräch sollte fließen, genauso wie das Wasser fließt und sich vor Hindernissen neue Wege sucht, um weiterzufließen. Ein Widerstand im Gespräch darf uns nicht endgültig aufhalten. Statt zu erstarren, sollten wir nach Optionen Ausschau halten. Wir müssen uns keineswegs mit einem schlechteren Weg zufrieden geben. Solange wir offen sind für Vorschläge und Optionen, kann es durchaus sein, dass wir sogar einen besseren Weg zum Erfolg finden als den, auf den wir uns bisher begeben haben, z. B. eine Lösung des Problems, die weniger Investition verlangt, finanziell und personell, die Ressourcen einspart und damit Energie. Energie zu sparen heißt Geld sparen. Solche Möglichkeiten suchen wir im Gespräch.

Kommt jemand auf uns zu, dessen knallende Hacken auf dem Boden wir schon von Weitem hören, haben wir es mit einem jener Geschäftsleute zu tun, die sehr mit sich selbst beschäftigt sind. Er scheint im Gehen Markierungen zu setzen: Das habe ich geschafft, das habe ich erreicht und immer so weiter. Ihnen ist der eigene Erfolg wichtiger als das Projekt im Ganzen. Sie kämpfen um der persönlichen Befriedigung, um der Überwindung persönlicher Schwachstellen willen. Das Bedürfnis, den eigenen Erfolg zu markieren, sondert mich von den anderen ab. Nicht immer findet Leistung von selbst Anerkennung von außen, sie einzufordern jedoch, schwächt die eigene Position. Wer wirklich in eine Sache involviert ist, wird leichter auf den Ruhm warten können.

Ausgedehnte Sitzungen machen müde. Dann heißt es aufpassen, dass wir nicht auf unserem Sitz hin und her zu rutschen beginnen: Das Becken rutscht nach vorn, die Brust wirkt eingefallen und so hören wir halb im Liegen weiter zu. In dieser Position will der Körper nicht mehr reagieren, er produziert passiven Widerstand. Ich kann nicht erwarten, dass sich mein Gegenüber noch dazu stimuliert fühlt, mir seine Informationen anzuvertrauen. Wir selbst begeben uns der Möglichkeit, das Gespräch in unserem Sinne zu beeinflussen, es auf neue Bahnen zu lenken. Und noch etwas anderes: Unsere apathische Sitzposition wird dazu beitragen, die Diskussion noch langweiliger zu machen und sie möglicherweise auch noch zu verlängern. Wir haben uns selbst lahm gelegt und geben dem Partner das Gefühl, dass er uns nicht mehr erreicht.

»Was also ist zu tun, wenn ein Gespräch leer zu laufen droht?« Die Frage kam von Sophie.

Bewegung heißt das Zauberwort. Wir lassen uns nicht fallen, sondern richten uns auf. Wir schlagen vor, eine kleine Pause zu machen, die uns Gelegenheit gibt uns zu rühren, vielleicht zwischendurch einmal aufzustehen, jedenfalls uns in eine neue Position zu bringen. Sind wir zu mehreren, empfiehlt es sich, einmal die Plätze zu wechseln. Solche Veränderungen bringen uns neue Dynamik, verschaffen uns Luft und neue Gedanken. Andere Menschen neben mir, ein anderer Blickwinkel zum Raum, auf die Bilder an der Wand. Das alles wirkt wie Sauerstoff. Also sollten wir lieber mehrere kleine Pausen machen und Sitzpositionen wechseln, als in die Lethargie zu rutschen. Es ist ganz einfach, daraus eine Art Spielkultur zu machen. Zwar wirkt es im Anfang vielleicht befremdlich und kindisch, mit der Zeit jedoch entdeckt beinahe jeder, dass es wach und kreativ macht und die Gefahr in Bequemlichkeit und Passivität zu verfallen, mindert. Von einer Null können wir nur wieder eine Null erwarten, gleichgültig mit welcher Zahl wir sie multiplizieren.

Die Gegner von gestern zu Partnern von morgen machen

Auch in harten Verhandlungen zwischen erfolgreichen Partnern spielen kleine Dinge eine große Rolle. Ein Prozent von einer Milliarde ist eben viel mehr als ein Prozent von hundert. Unterschätzen wir die Kleinigkeiten nicht. Verhandlungen auf hoher Ebene können natürlich sehr hart sein, aber die Härte sollte die Beweglichkeit nicht ausschließen. Offen zu sein, bedeutet, ich finde immer wieder neue Optionen, ich bleibe stets im Dialog und bin bereit, auf die Einwände und Lösungsvorschläge einzugehen. Die Verhandlungsmethode »love it or leave it«, also keine andere Lösung zuzulassen, als die Entscheidung Gewinner oder Verlierer zu sein, wird keine funktionierende Zusammenarbeit begründen können. Wer nichts anderes will, als allein seinen Willen durchzusetzen, und wenn er den anderen dazu die Pistole auf die Brust setzen müsste, braucht weder an meinen Büchern noch an sich selbst zu arbeiten. Wir wissen heute, dass gemeinsames Arbeiten, dass Teamwork mehr Energie erzeugt, den Markt vergrößert und die Chancen vermehrt. Früher haben wir gegeneinander gekämpft, heute versuchen wir lieber zu fusionieren, also den Gegner von gestern zum Partner von morgen zu machen. Zusammenarbeit selbst auf Gebieten und Ebenen, die auf den ersten Blick nichts miteinander zu tun haben, erhöht erstaunlicherweise den Erfolg der einzelnen Partner. Es werden auf diese Weise Brücken gebaut zwischen gemeinsamen Möglichkeiten auf unterschiedlichen Ebenen, wie man es früher nicht für möglich gehalten hätte, wie Buchhandlungen und Kaffeehäusern, Tankstellen und Supermärkten. So sieht der richtige Weg zum Erfolg aus, der nämlich liegt in den Möglichkeiten und nicht im Ausüben von Druck. Hart zu verhandeln, kann notwendig sein, aber die Gemeinsamkeiten hervorzukehren, ist die größere Kunst und der modernere Weg.

Wenn ich eine Vorgehensweise aus guten Gründen nicht akzeptieren kann, bleibe ich hart, zugleich jedoch offen für einen neuen Vorschlag der anderen Seite oder wenn mir selbst etwas Besseres einfällt. Mit Gelas-

Tom hat sich im Gespräch mit Sophie nach vorn geneigt. Durch diese Annäherung haben sich die Entfernungsrelationen in der Weise geändert, das nun auf einmal ich ausgegrenzt bin und ganz allein mit mir und meinen Unterlagen. Das Gespräch ereignet sich nur zwischen Sophie und Tom.

senheit, durch rezeptives Zurücklehnen, durch Offensein oder Entgegenkommen mit einem eigenen Vorschlag, kann ich diese Haltung weit besser zum Ausdruck bringen als durch eine harte, unbewegliche Position.

Grundsätzlich gesehen, geht es in jeder Verhandlung um Kaufen und Verkaufen. Der Verkäufer möchte seine Ware teuer verkaufen, der Käufer sie billig erwerben. Die Frage ist, wie wir uns in der Mitte treffen können und wie wir dafür sorgen, dass für beide eine Möglichkeit zu überleben bleibt. Als ein ganz üblicher Fall steht uns die Verhandlung zwischen einem Großen der Branche mit einem Kleinen vor Augen: Der Große verhandelt hart. Er will noch den letzten Vorteil herausholen. Der Kleine hat Angst, den für ihn relativ großen Auftrag zu verlieren, wenn er nicht einlenkt, und akzeptiert Bedingungen, die an den äußersten Rand seiner Möglichkeiten gehen. Der Große genießt das Machtgefühl, das ihm aus diesem Erfolg zuwächst, der Kleine begibt sich auf ein Balancierseil. Gewiss, er hat den Auftrag gewonnen, doch auf Kosten eines wirtschaft-

Kleine Gesten, wenig Raum für mich, Ellenbogen, die an den Körper gedrückt werden, schaffen eine kleine Insel in sich selbst und lassen auch keinen Raum für den anderen. Ich grenze mich ab und mein linker Arm grenzt Tom aus. Tom schaut mich an, Sophie neigt lächelnd den Kopf, beide Hände verschließen sich, und obwohl die Hände eine gewisse Lockerheit zeigen, entsteht als Haupteindruck das Bild, das mich als einen zeigt, der sich vollkommen einengt und sich isoliert fühlt wie auf einer einsamen Insel. Kleine Bewegungen schaffen nicht immer mehr Raum.

lichen Balanceakts. Was ist, wenn er abstürzt, den Auftrag nicht zu Ende führen kann, sondern Pleite macht? Aber auch der Große gerät in diesem Fall in eine problematische Situation. Er muss einen neuen Partner für sein Projekt finden und dadurch geht Zeit verloren und damit vielleicht viel Geld. In schwierigen Zeiten für sein Unternehmen kann er also leicht mit in diesen Absturz geraten, nicht zuletzt deshalb, weil er den Kleinen bis auf ein Minimum gedrückt hat. Lohnt es sich also, den Schwächeren in die Knie zu zwingen? Als Antwort bleibt ein großes Fragezeichen. Denn stürzt der kleinere Partner von seinem Tanzseil, reißt er den Größeren allzu leicht mit. Ich erinnere mich an einen solchen Fall in den USA. Eine Catering-Firma, die für eine große Fluglinie arbeitete, hat von jedem angerichteten Teller lediglich eine Olive eingespart. Eine Kleinigkeit, würden wir sagen. Im Endeffekt jedoch hatte diese Kleinigkeit eine Millionensumme eingebracht. Kleinvieh macht eben auch Mist. In diesem Fall waren es Millionen eingesparter Dollar. Die Gefahr liegt bei diesem Ver-

Ist die Sitzposition am Tisch richtig gewählt, kann eine große offene Geste trotz ihrer Raumbeanspruchung viel Platz für alle schaffen. Die anderen beiden sind ebenso offen dabei in der Kommunikation untereinander. Niemand ist ausgegrenzt. Große Bewegungen müssen nicht unbedingt Raum rauben, sie können den Raum auch öffnen.

fahren darin, dass man beginnt in dieser Richtung zu denken. Wir überlegen dann nicht mehr, wie wir besser werden, wie wir Wege finden könnten, sie alle zufrieden zu stellen: die Fluggesellschaft, die Catering-Firma und die Passagiere. Vielmehr verlassen wir die kreative Richtung unseres Denkens und versuchen durch Geiz zu gewinnen. Was dann geschieht, ist folgerichtig: Wir nehmen eine Olive weg, dann zwei, dann drei und greifen über die Olive hinaus. Die angebotenen Mahlzeiten werden immer karger und schließlich sind wir so weit, dass es im Flugzeug gar kein Essen mehr gibt. Ganz abgesehen davon, dass die Catering-Firmen ihren Job bei den Fluggesellschaften eingebüßt haben, stellt sich jetzt die Frage, wann ein kluger Geschäftsmann auftritt, der den Fall kreativ löst, nicht mehr destruktiv, sondern konstruktiv. Eine andere Fluggesellschaft könnte sagen: Es kann uns eigentlich nicht um die Oliven gehen. Vielleicht gelingt es uns, das Fliegen mit Catering attraktiver zu machen als durch Abbau unattraktiver.

Meine Hände scheinen offen, aber die Ellenbogen sind nah am Oberkörper und ich sitze sehr nah am Tisch. Ich gebe mir in diesem Gespräch nicht sehr viel Raum, und diese Einengung am Tisch entspricht wahrscheinlich einer Einengung meiner Argumentation. Die so genannten offenen Hände (insbesondere die linke Hand) schneiden Tom aus dem Gespräch heraus. Toms Gesichtausdruck lässt erkennen, dass er sich »herausgeschnitten« fühlt, obwohl er doch die Papiere vor sich hat.

Grundsätzlich bin ich der Ansicht, dass eine flexible Geschäftsführung in der Lage sein muss, Alternativen zu finden, die keinen der Betroffenen in die Gefahr bringen, unterzugehen, sondern den gemeinsamen Nutzen suchen. Seine Machtgelüste auszukosten, befriedigt nur den Einzelnen, nie nützt sie dem Ganzen.

Sparen allein ersetzt kein Konzept, weder beim Staatsetat noch beim Budget einer Firma. Wer anfängt bei seinen Pflanzen an Gießwasser zu sparen oder an Dünger, kann die Probe aufs Exempel machen.

Beide Partner sitzen »offen« zueinander. An den Händen können wir erkennen, dass sie einen Kreis schließen. Die Harmonie zwischen beiden wird dadurch stärker, und die kleine Entfernung vom Tisch zeigt eine souveräne, lockere Gesprächsatmosphäre, in die auch ein Dritter einbezogen werden kann. Beide sind also souverän, selbstsicher, offen und befinden sich in einem positiven Energieaustausch.

Das Phänomen der Zeit

Wir kennen den Zusammenhang von Zeit und Raum. In der Tat ist Zeit ein Territorium. Was bedeutet das?

»Stehen wir nicht alle unter Zeitdruck?«, fragte Robert. »Heißt das nicht, dass unser Raum schrumpft?«

So ist es. Denn der Zeitdruck nimmt uns den Raum für Dinge, die uns wichtig sind. Bedauerlicherweise leiden die Kinder und die Familien in der Regel am meisten darunter.

Wer ein Territorium beherrscht, ist immer das Großtier, nimmt stets den Platz des Löwen ein, der sein Revier kontrolliert und andere auf seinem Gebiet empfängt. Zeit ist Territorium: Der Stärkere bestimmt über die Zeit: Wann wird eine Sitzung stattfinden? Zu welchem Zeitpunkt startet eine Aktion? Wie viel Zeit steht für ein Gespräch, für eine Aktion zu Verfügung? Stets bestimmt der Löwe, wann ein Gespräch zu Ende ist, wie lange eine Aktion dauern darf. Er sollte dabei nicht vergessen, dass es Dinge gibt, die größer sind als er: der Markt, der geschichtliche Moment, das aktuelle Umfeld. Auch sie bestimmen mit über den richtigen Zeitpunkt. Darauf hat auch der Stärkste Rücksicht zu nehmen. Wann wird eine Frucht reif? Kann ich darüber bestimmen, etwa durch künstliche Nachhilfe, oder hat die Natur die größere Kraft und bestimmt die Zeit für mich? Wer über den Erfolg entscheidet, sollte auch der sein, der über die Zeit, den richtigen Zeitpunkt zu bestimmen hat, etwa wann ein Produkt auf dem Markt erscheinen soll.

Das Territorium Zeit spielt auch innerhalb eines Unternehmens eine wesentliche Rolle. Gibt der Vorgesetzte einem Mitarbeiter einen Gesprächstermin, hat er auch dafür zu sorgen, das dem Mitarbeiter für die vorgegebene Zeit das Territorium Zeit ganz zu eigen ist. Er hat ihm innerhalb des eigenen Territoriums ein eigenes Territorium eingeräumt.

Nun hat er es selber auch zu respektieren. Diese Zeit gehört seinem Gegenüber. Telefongespräche oder Rückfragen der Sekretärin, die dazwischenkommen, sind nicht nur eine Respektlosigkeit, sondern Raub an dem eingeräumten Zeitterritorium. Entsprechend wird die Reaktion des anderen ausfallen, nämlich nervös und aggressiv, weil es seine Zeit ist, die ihm geraubt wird.

Wer über die Zeit bestimmt, sollte sie nicht verschwenden. Er muss ein Gefühl dafür entwickeln, muss wach sein, zu erkennen, wann ein Thema sich in der Diskussion zu Tode läuft. Er muss wissen, wie sich von einem Thema zu einem neuen umschalten lässt, denn darin liegt eine wesentliche Funktion von Führungspersonen. Jedes Thema für sich sollte stets mit einem Resümee, das, auch wenn es noch nicht endgültig abgeschlossen ist, die erreichten positiven Aspekte zusammenfasst, beendet werden, und zwar mit der Aussicht auf die weitere Behandlung des Themas bei der nächsten sich bietenden Gelegenheit. Ein undefinierter Abschluss eines Themas durch einfaches Verschieben vernichtet alle Impulse, die in der Diskussion angeklungen sein könnten, und der Gesprächsleiter müsste sich sagen, dass er weder das Thema noch das Zeitterritorium in den Griff bekommen hat.

Es gehört als zentraler Punkt in den Katalog der Führungsausgaben, den Zeitpunkt zu erkennen, an dem ein Gespräch zu beenden ist, bevor das Thema zerredet wird und seine Substanz verliert. Wer ein Gespräch nicht rechtzeitig zu beenden weiß und sich fragt wohin seine Zeit entflohen ist, gleicht einem Menschen, der lange auf einen langsam schmelzenden Eisblock starrt und befragt, was er da zu schauen habe, antwortet: »Ich versuche herauszufinden, wo die undichte Stelle ist.« So ergeht es einem, der nicht verstanden hat, seine Zeit sorgfältig einzuteilen: für Mitarbeitergespräche, für Korrespondenz, für die Projektplanung, ja und auch für Regeneration und Familie.

In der Öffentlichkeit

Führungskräfte müssen sich in der Öffentlichkeit bewegen können. Sie dürfen sich nicht aus einem verständlichen Sicherheitsbedürfnis in ihrem Büro verschanzen. Schon die geschäftliche Besprechung außerhalb des eigenen Hauses in einem Restaurant setzt eine gewisse Gewandtheit voraus. Die erste Frage, die sich stellt, ist die nach der Wahl des Restaurants. Wähle ich das Restaurant nach meinem eigenen Status aus oder um mir Ansehen zu verschaffen, so kann es kaum vornehm und teuer genug sein. Zweifellos sollten wir eher ein Restaurant wählen, von dem wir erwarten können, dass unser Gast sich darin wohlfühlt und das unserem Gesprächsthema angemessen ist.

Gewiss wird für ein Gespräch über große Geschäfte ein Restaurant gewählt werden, dessen Niveau den Vertragssummen und einem gewissen kulinarischen Anspruch der Gäste entspricht. Auch der Golfclub könnte das richtige Ambiente sein. Ein gewisser Sportsgeist könnte ja auch über unserem gemeinsamen Projekt wehen, als Reiz und Risiko für beide Seiten. Ist es dem Projekt angemessen, können wir auch eine einfache Wirtschaft oder eine Kneipe für unser Zusammentreffen wählen, nach dem Motto: Um diese Geschichte durchzuziehen, müssen wir zwei Kumpel sein, die einander gegenseitig nicht zu imponieren brauchen! Auf jeden Fall sind die Wahl des Treffpunkts und die Atmosphäre, die das Lokal uns bietet, für die Art unserer Gespräche wichtig. Eine Führungspersönlichkeit muss darüber Bescheid wissen, welche Stimmung sie dem Treffen geben will.

Sophie lacht und fragt: »Sollte ich als Frau auch mal eine Kneipe als Treffpunkt aussuchen?«

Alle lachen, und ich sage: Nein. Kneipen sind noch immer eher eine Männerdomäne. Diese Art von Kumpelei findet normalerweise unter Männern statt.

Ich rate Frauen eher zu einem Café, wo ebenfalls eine lockerere Atmosphäre herrscht als im Restaurant und mir für eine Frau in leitender Position angemessener erscheint.

Wo gehen wir hin, wer bestellt den Tisch?

Sophie brachte noch ein anderes Problem zur Sprache: »Wer bestimmt, wenn zwei Gleichgestellte Ort und Zeit für eine Verabredung mit Gästen arrangieren wollen?«

Die beste Lösung des Problems liegt natürlich darin, sich darüber zu besprechen, wer von beiden die Sache in die Hand nimmt. Damit ist in diesem Fall zwischen zwei Gleichgestellten auch die Entscheidung darüber gefallen, wer diesmal der Gastgeber ist: Immer der, welcher den Tisch bestellt hat. Wichtig ist vor allem, wenn sie im Restaurant vorbestellen, dass ihnen nicht irgendein Tisch angewiesen wird, der für das vorgesehene Gespräch weder tauglich noch angenehm ist. Es ist unbedingt nötig, das Lokal und seine Räumlichkeiten zu kennen. Wer es auf einen ganz bestimmten Tisch abgesehen hat, sollte trotzdem eine annehmbare Alternative im Kopf haben, für den Fall das der favorisierte Tisch bereits reserviert ist. Lokale mit lauter Musik sind selbstverständlich für ein Geschäftsgespräch nicht zu empfehlen, weil die Konzentration auf den Gegenstand der Unterhaltung darunter leiden würde. Demjenigen oder derjenigen, dem oder der die Gastgeberrolle zugefallen ist, geht beim Eintritt in das Restaurant voran, lässt sich vom Kellner oder Restaurantchef den Tisch zeigen und geht, ohne sich in den Sesselreihen zu verstolpern, auf den gewählten Platz zu, genau wie wir es geübt haben: Den Blick fest aufs Ziel gerichtet, schreiten wir ungesäumt auf den vorbereiteten Tisch zu. Bevor Gastgeber oder Gastgeberin endgültig am Tisch anlangen, treten er oder sie zur Seite und lassen nun den Gästen den Vortritt. Der Gastgeber bestimmt die Sitzordnung. Dazu hatte er sich vorher zu überlegen, wer neben wem sitzen soll und sich mit der Frage zu beschäftigen, welchen Charakter das Gespräch annehmen würde. Soll es sich um ein reines Arbeitsgespräch handeln oder ist der private Austausch zu Auflockerung der Atmosphäre wünschenswert? Im Allgemeinen wird man nicht mit der Tür ins Haus fallen wollen, also nicht sofort mit den geschäftlichen Fakten beginnen.

Großzügigkeit ist ein wesentliches Merkmal einer wahren Führungspersönlichkeit. Aber Vorsicht: Großzügigkeit ist nicht zu verwechseln mit Imponiergehabe. Wer wahllos nur die teuersten Angebote bestellt, erweckt keinen seriösen Eindruck, ist vielmehr schnell durchschaut: Er will mir imponieren. Was bezweckt oder vertuscht er damit?

Keine Angst vor großen Weinen

Wer sich mit Weinen nicht auskennt, sollte sich vorher erkundigen, welche Weine zu welchen Speisen passen, statt im Restaurant zugeben zu müssen, dass er nichts von Weinen versteht. Es gehört zum kleinen Einmaleins einer Führungskraft, in großen Zügen über Weine, über Mode und ähnliche Dinge Bescheid zu wissen, entscheiden zu können, was zueinander passt. Wer das nicht beherrscht, beherrscht es auch nicht in seinem Beruf. Großzügigkeit in nicht übertriebener Weise zu beweisen, bezieht sich nicht nur auf die Einladung zum Essen, sie sollte auch für die Gespräche gelten. Da gilt es einfach, den Partnern entgegenzukommen, sie nicht zu bedrängen, sondern ihnen und ihren Vorstellungen Raum zu lassen.

Wir sollten uns auch nicht einschüchtern lassen von der Vornehmheit eines Lokals. Wer sich in einem Restaurant nicht wohl fühlt, weil er sich von der Ausstattung bedrückt fühlt, überschätzt die Bedeutung aller Dekoration. Er macht sich selber klein. Vergiss nicht: Es sind nicht die Kerzen, die dich ins richtige Licht setzen, es sind nicht die bunten Dekorationen an der Wand. Du bist wichtig, du bist der leuchtende Punkt in diesem Gespräch. Mit deiner Erscheinung bringst du das Licht in diesen Raum. Aber sei nicht überheblich, bleib nur eine Kerze! Und denke an eines: Wenn eine Kerze auch anderen Kerzen ihr Licht gibt, vermindert es nicht das eigene Feuer. Das sagt dir deine Großzügigkeit.

Dieses Kerzen-Prinzip gilt für den Führungsstil eines erfolgreichen Managers immer: Deine Ideen, deine Visionen entfalten sich, indem du sie wie ein Licht an andere weitergibst, wie eine Kerze die mit ihrem Licht eine Lichterkette entzündet.

Smalltalk

Unter Geschäftsleuten ist es seit Langem üblich, sich »auf einen Drink« zu treffen, eine moderne Form sozialer Begegnung. Sophie seufzt einmal tief, dann sagte sie:

»Was mich nervt, sind Leute, die dich beim Cocktail mit langen Reden überfallen und dich am deinem Platz festnageln.«

Auch ich bin der Meinung, dass das nicht passieren sollte. Der Sinn des Treffens in einer Bar oder auf einer Cocktailparty ist ein ganz anderer als der eines Restaurantbesuchs oder eines gesetzten Arbeitsessens. Man sitzt nicht neben jemand Bestimmten, sondern steht mit dem Glas in der Hand, aus dem einfachen Grund, dass man sich auch bewegen können will. Die Bewegung ist der Sinn des Treffens an der Bar. Kurze Gespräche, das Antippen eines Themas sind gefragt. Wir versuchen etwas Interessantes zu erfahren, belassen es aber dabei, eine Verabredung mit dem Gesprächspartner zu treffen, um die Information zu vertiefen. Die Bar ist, wie eine Messe, der Platz um Ideen und Pläne auszutauschen, aber die Realisation in die Zukunft zu verlagern.

Robert warf ein: »Es gibt ja Leute, die sitzen an der Bar herum, nur um Eindruck zu machen.«

Tatsächlich vergeuden viele Leute ihre Zeit an der Bar. Eine gute Führungskraft weiß genau, wohin sie geht und wen sie treffen will oder welche Leute sie zusammenbringen möchte, um neue Kontakte und neue Ideen zu initiieren. Auch in diesem Fall sollte es nicht zu langen Erklärungen kommen, und wenn jemand sich in einer Gruppe festredet, muss man ihn herausholen: Entschuldige bitte, ich möchte dich jemandem vorstellen! Zum Besuch einer Bar gehört eine gewisse Lockerheit. Wer geht schon in eine Bar, um deine Probleme anzuhören? In die Bar geht man, um Neues zu hören, jemanden kennen zu lernen. Alles hat hier mit Zukunft zu tun.

Trotz der guten Laune, die sich in unseren Gesichtern abmalt, erscheine ich noch inaktiv, meine Arme bilden eine Barriere. Das muss nicht negativ gesehen werden. Es bedeutet nur, dass ich zwar rezeptiv bin, aber momentan noch nicht bereit, einzugreifen.
Robert versucht mithilfe seiner Hände etwas zu erklären, aber seine Körperhaltung neigt nach rückwärts, was auf eine abwartende Stimmung schließen lässt. Arme und Ellenbogen hält er nah am Körper. Sie bieten ihm einen gewissen Schutz und das heißt wiederum, dass er die Energie nicht vollkommen von innen nach außen strömen lässt.

Die Kontakte und Gespräche an der Bar dienen der nachfolgenden Zeit, in der wir herausfinden werden, was wir aus diesen Kontakten und Anregungen machen können. Eine unverkrampfte Bereitschaft, sich inspirieren zu lassen, ist die richtige Einstellung zu einem Bar-Besuch. Wir sollten es in der Bar nicht dem Zufall überlassen, mit wem wir ins Gespräch kommen. Also schauen wir zunächst einmal danach, wer überhaupt da ist, und überlegen wir gut, mit wem wir sprechen wollen. Wer ist für uns wichtig als Person, als Mensch, und wer könnte als eine Zukunftshoffnung wichtig werden, weil wir mit ihm Verbindungen oder Ideen austauschen könnten. Das alles macht den Bar-Besuch für mich zu einer sachlich bedingten und nützlichen Veranstaltung, womit ich nicht leugnen will, dass er auch einen vergnüglichen Aspekt haben kann. In dieser lockeren Atmosphäre hängt viel davon ab, dass ich demjenigen, mit dem ich sprechen will, das Gefühl gebe, dass ich seinetwegen gekommen bin und ihn nicht aus Zufall treffe. Gib ihm das Gefühl, dass du dich freust, ihn zu sehen. Auch wenn es eng ist im Raum, mache wenigstens einen Schritt auf deinen Gesprächspartner zu und gib ihm das Gefühl: Diesen Schritt mache ich für dich, und

Sein Lachen wirkt herzlicher. Die Energie will also durchaus nach außen fließen, wird aber daran gehindert, da sie in der Schulterpartie gehemmt wird. Die Oberarme entfernen sich nicht locker vom Körper, bleiben ihrer Schutzfunktion treu, was sich auch an der Fingerpartie erkennen lässt. Der Körper neigt noch immer nach rückwärts und der rechte Fuß ist leicht angehoben, als sollte er jenes intensive Gefühl abbremsen, das durch das Lachen entsteht. So blockieren wir leicht unsere positiven Gefühle, und zwar nicht weniger als negative Gefühle.

ich komme dir entgegen. Das gibt dem anderen mit Sicherheit das gute Gefühl: Ich bin wahrgenommen und wichtig.

Das Problem des Festgenageltseins, das Sophie angesprochen hat, lässt sich jede Minute lösen, indem man sagt: »Entschuldigen Sie bitte, ich muss eben jemanden begrüßen«, so oder ähnlich. Haben wir also den Mut, selbst zu bestimmen, wann ein Gespräch beendet ist, wann wir uns jemand anderem zuwenden wollen! Nur so gelingt es, die Zeit zu beherrschen, was für eine Führungspersönlichkeit unverzichtbare Voraussetzung ihrer Stellung ist. Wer Erfolg haben will, muss in der Lage sein, selbst über seine Zeit zu bestimmen. Wir brauchen dabei nicht unhöflich sein, doch gerade die Atmosphäre der Bar erlaubt den unkonventionellen Wechsel des Gesprächpartners

Tom wandte ein. »Wenn ich aber jemanden treffe, der sehr wichtig für mich ist und mit dem ich schon lange etwas besprechen wollte, werde ich die Gelegenheit, ausführlicher mit ihm zu reden, sicher nutzen.«

Das ist richtig und geschieht auch häufig. Aber ich warne davor, sich mit dem Gesprächspartner in eine Ecke zu verziehen oder sich in eine

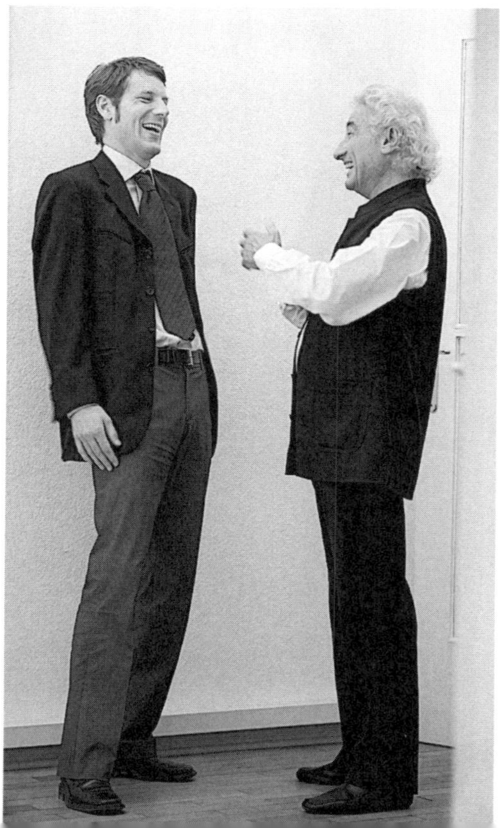

Indem ich meine Arme öffne und damit Raum beanspruche, zieht sich Robert zurück, und seine Arme legen sich wie zur Verteidigung eng an seinen Körper, Robert fühlt sich allein schon dadurch zurückgedrängt, dass ich mehr Raum in Anspruch genommen habe. Er ist nicht mehr bereit, mit mir in Konfrontation zu gehen. Konfrontation ist nicht immer ein negativer Begriff. Auch das Lachen oder die Bereitschaft, positive Information nah am Partner auszutauschen, führt in eine gegenseitige Konfrontation. In der gezeigten Situation allerdings ist durch meine Raumbeanspruchung und Roberts Rückzug der Energiefluss gestört.

Ecke ziehen zu lassen. Wer das tut, verabschiedet sich im Grunde, ist für die übrige Gesellschaft nicht mehr vorhanden. Der Sinn eines Besuchs in der Bar ist es, die Mitte zu suchen, in Bewegung zu bleiben. Die Gelegenheit, die du wahrnehmen willst, mit einem Einzelnen zu sprechen, ist schon genutzt, wenn du sein Interesse wecken konntest und es dir gelingt die nächste Verabredung mit ihm zu treffen. Erfolgsmenschen stehen nicht in der Ecke.

Der Händedruck

»Darf ich noch einmal auf einen Punkt zurückkommen, den du schon angesprochen hast?«, fragt Tom. »Es geht mir um den Händedruck. Ich empfinde es als ausgesprochen unangenehm, wenn mir jemand lasch die Hand gibt.« Auf die Rückfrage, wie er diese Eigenschaft denn bewerten würde, antwortet er: Wahrscheinlich ist er ein ganz weichlicher Typ, der nicht zuzupacken versteht. »Ja«, bestätigt Robert, »ein Waschlappen!«

Ich musste ihnen erklären, dass dieses Urteil auf ihrem persönlichen Empfinden beruhe. Könnte es nicht sein, dass sich jemand ganz bewusst dem Männergehabe mit dem festen Händedruck, der zeigen soll, wie stark einer ist, entziehen möchte, z. B. eine Frau?

»Ja«, sagt Sophie, »mir tut das Händeschütteln der Männer oft weh und ist mir nicht angenehm. Freilich kenne ich inzwischen auch unter meinen Geschlechtsgenossinnen einige, die ebenso fest zugreifen wie manche Männer.«

Wie rasch sind wir in unserem Urteil, dass wir sofort davon ausgehen, ein Mann müsse stark sein und auf der Stelle zeigen, dass er zupacken kann. Eine Führungspersönlichkeit erkennt man nicht am vorschnellen Urteil. Es kann doch sein, das sich jemand nicht gern in den Griff nehmen lässt. Seine Devise ist: Ich nehme dich nicht in den Griff, und du sollst es auch mit mir nicht tun. Auch der mangelnde Händedruck kann sagen: Ich setze dich nicht unter Druck, setz du mich auch nicht unter Druck! Achten wir vor allem darauf, ob seine ganze Haltung gerade ist, ob er uns gerade in die Augen sieht. Wenn es so ist, zeigt er eigentlich keine Schwäche. Der verweigerte Händedruck signalisiert lediglich: Ich bin nicht bereit, dass man mich in den Griff nimmt und brauche dir nicht zu beweisen, dass ich zupacken kann! Mein System ist ein anderes als deines. Ich schaue dir fest in die Augen und gebe dir nicht nach. Ich probiere Alternativen. Ich versuche eine Verhandlung auf eine Art zu führen, bei der jeder frei bleibt in seinen Entscheidungen. Von einer solchen persönlichen Entscheidung abgesehen, gibt es viele Kulturen, in denen der starke Händedruck nicht angebracht ist, bei Japanern zum Beispiel, überhaupt bei Asiaten, aber auch bei Orientalen. Um vorschnelle Urteile zu vermeiden, die aus unserem allgemeinen Bild von dem, was sein sollte, von dem was Männer oder Frauen zu tun hätten, resultieren, sollten wir uns angewöhnen, stets die Gesamterscheinung eines Menschen im Blick zu haben. Denn die Hand ist schließlich nur ein Teil seines Körpers. Wie ist seine Haltung? Steht er fest auf dem Boden? Was sagt sein Blick? Wie zeigt sich seine Brust? Nur das Ganze im Zusammenspiel erlaubt uns die richtige Einschätzung.

Robert sagt: »Okay, ich kann das akzeptieren, aber ich muss bei einem laschen Händedruck trotzdem ein ungutes Gefühl überwinden.«

Dem ist nicht zu widersprechen. Wichtig bleibt, dass der kleine Reiz nichts über das Gesamtbild aussagen kann. Darin läge die Gefahr, dass der kleine Reiz uns vom Gesamtbild ablenkt und wir einem Fehlurteil über die entsprechende Person aufsitzen, und das sollte nicht sein. Andererseits sind kleine Details nicht zu unterschätzen. Denn ein einziges kleines Detail kann unter Umständen genauere Auskunft über eine Person geben als das Gesamtbild, das sie darzustellen versucht. »Genau so ist es«, sagt Sophie. »Ich habe einmal einen Mann kennen gelernt, der sein Gesamtbild darauf angelegt hatte, als elegant und ordentlich zu gelten. Der Anzug saß tadellos, alles passte bestens zusammen – nur seine Schuhe waren nicht geputzt. Schlimmer wäre es nur noch gewesen, wenn auch seine Socken noch heruntergerutscht wären. Für mich sind das Zeichen dafür, das irgendetwas nicht stimmt, dass dieser Mann doch nicht so perfekt ist, wie er sich gibt und wahrscheinlich nicht alle Aufgaben, die man ihm überträgt, ganz korrekt ausführen würde. Irgendwann würde er in seinen Anstrengen nachlassen, und deswegen hätte er nicht mein volles Vertrauen.«

Pünktlichkeit ist die Tugend der Könige

Sophie hatte noch eine Frage: »Du hast vorhin gesagt, dass die Führungsperson über die Zeit verfügt. Mich irritiert es jedes Mal, wenn jemand zu spät kommt.«

Ich stimmte ihr insofern zu, als Zuspätkommen dem Wartenden gegenüber immer eine Respektlosigkeit bedeutet.

Robert hatte ein einfaches Rezept zu bieten: »Wenn bei mir einer unpünktlich ist, nehme ich mir etwas anderes vor, und er muss sich einen neuen Termin geben lassen oder warten.«

»Das wird nicht immer gehen«, sagte Tom. Es kann jemand sein, den du dringend brauchst und nicht einfach ignorieren kannst. Es ist ein ewiger Kampf mit solchen Leuten.«

So sah ich es auch. Es ist ein ewiger Kampf, und zwar ein Kampf um Dominanz. Hier handelt es sich nicht um die Frage, wo ich in der Hierarchie der Firma stehe. Hier kommt es darauf an, ob ich meine dominierende Stellung ausfülle, also meine Dominanz durchsetzen und meinem Selbstwertgefühl gerecht werden kann. Selbstverständlich üben auch Mitarbeiter, die nicht zur Führungsspitze eines Unternehmens gehören, Dominanz aus. Häufig ist es eine Reaktion auf die Verfahrensweise des Vorgesetzten, der gern über die Köpfe seiner Mitarbeiter hinweg entscheidet. Jemand, der sich auf diese Weise übergangen fühlt, kann durchaus damit reagieren, dass er zu spät kommt, um zu demonstrieren: Ich bestimme, wie die Dinge laufen! Das Problem, das darin liegt, wäre einfach zu lösen, wenn die Verabredung gemeinschaftlich erfolgte: Ich möchte mit Ihnen sprechen. Wann passt es Ihnen? In viel zu vielen Fällen wird der Mitarbeiter einfach einbestellt, ohne dass er gefragt wird, ob es ihm gerade passt. Denn in seinem Arbeitsbereich hat er die Entscheidungshoheit. Steckt er mitten in einem Arbeitsvorgang und müsste ihn unterbrechen, nur weil der Boss ihn zu sehen wünscht, wird es zu einer Auseinandersetzung zwischen den beiden kommen. Denn der Mitarbeiter fühlt seine Zeitkompetenz, die Hoheit über sein Zeitterritorium verletzt. Er reagiert irritiert darüber, dass man über seine Zeit bestimmen will, über die eigentlich er zu verfügen hat. Vorherige Verabredung eines Gesprächstermins würde mit einiger Sicherheit auch das Problem des Zuspätkommen mindern. Es gibt allerdings auch Menschen, die sich aus Prinzip nicht festlegen lassen wollen und dies in ihrem ganzen Lebensstil vorleben. Wenn wir sie für uns gewinnen wollen, muss es bewegliche Zeitzusagen geben und offene Angebote, mit denen sie sich nicht eingeengt fühlen.

Führung beschränkt sich nicht auf Anordnungen. Sie nimmt den Mitarbeiter in Augenhöhe wahr und respektiert das Territorium, das ihm durch seine Arbeit eingeräumt ist. Hier ist er der König. Nur wenn wir ihm dieses Gefühl lassen, wird er Demonstrationen seiner Dominanz, wie das Zuspätkommen, nicht mehr für notwendig halten. Auch kleine Prinzen sind Prinzen und verdienen die gleiche Hochachtung wie die großen. Genauso sollte es im Unternehmen sein. Der Arbeiter, die Arbeiterin, der einfache Angestellte und die Sekretärin, sie alle besitzen in ihrem Zuständigkeitsbereich ein Zeit-Territorium, wenn dieses immer wieder verletzt wird, weil der Boss sich darauf kapriziert, ihnen immer wieder zu beweisen, wie unselbstständig und abhängig sie sind, wird sich das Betriebsklima rapide verschlechtern. Eine kluge Führung wird zwar den Zeitrahmen bestimmen, aber Eingriffe in dieses Zeit-Territorium vermeiden oder sie mit den Betroffenen abstimmen.

Sich selbst verkaufen: Die Bewerbung

»Mal was ganz anderes«, sagte Tom. »Ich würde gern von dir etwas hören, das mich gerade beschäftigt. Nehmen wir einmal an, ich bin schon erfolgreich oder auf gutem Weg zum Erfolg und will mich bewerben. Wie gehe ich vor?«

Wer sich bewirbt, muss sich darüber klar sein, dass er sich selbst verkauft. Das gilt übrigens fast schon, wenn wir ein Produkt verkaufen wollen. Wir verkaufen in erster Linie nicht das Produkt, sondern immer uns selbst. Denn der erste Eindruck zählt immer am meisten. Wir haben über Bodenkontakt gesprochen, über das Gehen und Schreiten, darüber, wie wir eine Schwelle überschreiten. Aus alledem ergibt sich unsere Ausstrahlung, und auf sie kommt es an. Sie ist das Erste, was einem Fremden von dir begegnet. Dein Wissen kommt erst viel später zur Geltung. Ehe er sich ein Urteil über dein Wissen und Können machen kann, muss er sich dir öffnen, und das geschieht zuerst über die Optik. Welchen Eindruck machst du auf ihn? Je nachdem für welche Art von Position du dich bewirbst, solltest du deine Kleidung wählen. Dein Outfit sollte schlicht sein, aber die Materialien, vor allem wenn du dich als einen Erfolgstyp präsentieren willst, müssen bester Qualität sein. Übermäßig Auffallendes ist tabu. Ein guter Stoff bezeichnet einen Menschen von Geschmack, der weiß, was Qualität ist. Wir sind keine kleinen Kinder, und ich muss nicht aufzählen, was alles dazugehört: von den sauberen Fingernägeln bis zu

Sophie gibt eine tatkräftige Beschreibung, man spürt ihre Energie. Sie versucht ihre Vorstellungen überzeugend rüberzubringen, und man spürt, das alles kommt richtig von innen.

den geputzten Schuhen. Aber ich will darauf hinweisen, dass die äußere Erscheinung unmittelbar auf unsere inneren Einstellungen zum Leben und zur Arbeit projiziert wird.

Die Wahl der Kleidung hängt auch ein wenig von der Branche ab, in der ich mich bewerbe. So werde ich Firmen der Finanzwirtschaft eher im dunklen Anzug besuchen, vielleicht im Nadelstreifen, in einer Werbeagentur weniger konventionell. Farbe ist verlangt, etwas Außergewöhnliches. Allerdings: Schockieren sollte es nicht. Die Kleidung des Werbefachmanns sollte bereits seine Kreativität anzeigen. Auch wer sich um eine Stellung als Computerprogrammierer bewirbt, wird den dunklen Anzug lieber zu Hause lassen. Sein Outfit müsste eher modern und alternativ

Wer Zeigefinger und Selbstgestaltungsfinger während eines Gesprächs hebt, verrät seine besserwisserische oder belehrende Art. Auch wenn das Gesicht nachdenklich erscheint und die Hand etwas zu fassen sucht, gilt doch der Anspruch: So muss es sein!

wirken. Er kann ruhig in Jeans auftreten, fürs Bewerbungsgespräch vielleicht mit Jacke.

Für weibliche Stellenbewerber gilt eigentlich das Gleiche. Eine gewisse Schlichtheit der Kleidung wirkt im Allgemeinen günstiger als Extravaganz, die dem Thema Arbeit weniger angemessen erscheint. Frauen brauchen ihre Weiblichkeit keineswegs zu verstecken, sondern sollen sie, wenn auch dezent, zu ihrem Vorteil nutzen.

Dieser erste Eindruck, den wir hervorrufen, ist von Wichtigkeit.

Beide Hände schließen sich in einer Spitze nach vorn wie ein Eisbrecherschiff. Sophie wirkt hier defensiv, aber durch die gerade Stellung von Oberkörper und Kopf und ihren offenen Blick gibt sie zu erkennen, auch wenn ich mich momentan in der Defensive fühle, bin ich noch immer dabei.

Wer gelernt hat, sich zu entspannen, ist schon im Vorteil

Zum Gespräch setzen wir uns, um unsere Spannung abzubauen, unter Ausnutzung der ganzen Sitzfläche, bequem hin und haben keine Angst, uns rückwärts anzulehnen, um Ruhe und Souveränität zu gewinnen. In jeder anderen Position erzeugt unsere Kopfhaltung eine gewisse Spannung, denn ohne den Halt im Rücken neigt sich der Körper sprungbereit nach vorne, und die Botschaft heißt: Hier bin ich, ich tue alles, was man von mir verlangt. Die Souveränität, die mir das angelehnte Sitzen verleiht, bewahrt mir die Möglichkeit ruhig Fragen zu beantworten, Informationen zu geben, aber auch, mich in entscheidenden Momenten vorzubeugen, um zu argumentieren oder dem anderen entgegenzukommen, um mich danach wieder ebenso ruhig und selbstsicher zurücklehnen zu können.

Schließlich aber muss ich dem anderen das Gefühl vermitteln, dass die letzte Entscheidung bei ihm liegt. Ich kann mich nur anbieten. Damit erkenne ich seine übergeordnete Stellung in der Hierarchie an.

Während des Gesprächs kann ein bisschen Humor hilfreich sein, aber man sollte keine Witze erzählen, das wäre nicht angebracht. Stelle dich offen dar und denke daran: Du verkaufst dich selbst. Du bist nicht gekommen, um einen Job zu bekommen, sondern um etwas anzubieten: deinen Enthusiasmus, deine Ernsthaftigkeit, dein Können, deine Fähigkeit mit Menschen umzugehen und selbstverständlich dein Fachwissen. Es ist wichtig, dem anderen begreiflich zu machen, dass ich etwas anzubieten habe. Denn er muss vom Bewerber etwas erwarten können, wenn er ihm ein Projekt anvertrauen soll. Also muss er sich sagen können, der Junge hat mir etwas zu bieten, und ich werde auch einen Gewinn davon haben, wenn ich ihn an meine Firma binde. Ob Mann oder Frau, die Spielregeln sind dieselben.

Das Gefühl, etwas anzubieten zu haben, muss begleitet sein von dem Vorsatz, etwas zu bekommen. Ich würde mich in jedem Fall vorher darüber informieren, was die Firma mir zu bieten haben könnte. Es ist auch für das Gespräch selbst wichtig, dass ich mich informiert zeige über die Produkte, die Position des Unternehmens im Markt, um auf diese Weise zu zeigen, warum ich mich speziell bei dieser Firma beworben habe und nicht bei einer andern. Mein Gegenüber soll das Gefühl haben, dass mir an seinem Unternehmen gelegen ist und ich nicht einfach einen Job suche, gleichgültig wo. Auf Fragen antworten wir klar und unumwunden, ohne uns in Details zu verlieren. Sind Details gefragt, werden wir sie liefern. Es geht hier um Körpersprache, die aus der inneren Einstellung zu unserer Bewerbung resultiert. Es kommt auf unser Grundverständnis der Situation an.

Was habe ich anzubieten?

Am Beginn steht unser Selbstverständnis: Wir haben uns selbst zu verkaufen. Wir bieten uns an. Auf dieser Basis haben wir nichts zu verstecken und nichts zu beschönigen, sondern haben etwas zu geben, also können wir ganz offen sein. Habe ich etwas zu geben, nimmt mein körperlicher Ausdruck eine dynamische Form an. Komme ich dagegen mit dem Gedanken, etwas bekommen zu wollen, verhält sich mein Körper passiv. Damit aber werde ich niemanden davon überzeugen, dass er mich unbedingt braucht. Aktive Leute sind gefragt. Den Zeitpunkt der Beendigung des Gesprächs bestimmt nicht der Bewerber. Den bestimmt der Unternehmensvertreter, der in dieser Konstellation höher in der Hierarchie steht und deshalb über das Zeit-Territorium verfügt.

Es kann von Wichtigkeit sein, dass wir irgendetwas Ausgefallenes an uns haben, ein Accessoire zum Beispiel, das sich unserem Gegenüber einprägt. Mit Sicherheit sind mehrere Bewerber zu einem Gespräch eingeladen, und ich darf nicht in einer grauen Masse verschwinden. Wir sollten etwas an uns haben, was uns von den anderen unterscheidet. Das kann eine Designer-Brille sein oder eine Tasche, die aus dem üblichen Muster herausfällt, kurz, es muss etwas sein, das einen erlebbaren Eindruck hinterlässt und nicht nur objektive Information. Wenn später von den verschiedenen Bewerbern die Rede ist, sollte es heißen: »Ach ja, das war der mit …« Wie gesagt, kann es nützlich sein, auf diese Weise einen Eindruck zu hinterlassen. Auf der anderen Seite gibt es Merkmale, die zu stark hervorspringen. Wie ich in anderem Zusammenhang schon gesagt habe, nenne ich sie »Räuber«. Es sind jene Accessoires, die von uns als Person ablen-

ken, weil sie die Aufmerksamkeit unseres Gegenübers zu sehr fesseln. Die großblumige Bluse einer Frau oder das allzu offenherzige Dekolleté könnten die Aufmerksamkeit zu sehr absorbieren. Eine akzentuierende Kleinigkeit, eine schöne Brosche zum Beispiel diente dem gewünschten Eindruck eher. Bedenken wir: Es geht um die Einstellung einer Arbeitskraft. Unter dem, was ich »Räuber« nenne, befinden sich auch lang herunterhängende Ohrringe, die bei jeder Kopfbewegung zu pendeln beginnen. Sie ziehen die Aufmerksamkeit von der Person ab, auf die sich der andere eigentlich konzentrieren sollte. Die Frisur darf das Gesicht nicht verdecken, denn der Gesprächspartner gewänne dadurch den Eindruck, die Bewerberin habe Angst, verstecke sich, ziehe sich zurück, sei nicht offen. Eine zu strenge Frisur beim ersten Gespräch, das ja dem Kennenlernen dienen soll und deshalb eine gewisse Lockerheit verlangt, kann auch nicht unbedingt empfohlen werden. Die Frisur sollte einigermaßen geordnet sein, doch der Job verlangt es, dass ich mich sprühend vor Dynamik und Fantasie präsentiere. Also plädiere ich für eine lockere Frisur, die der Situation des Bewerbungsgesprächs entspricht. Langes offenes Haar zum Beispiel wäre wieder so ein Räuber, der die Aufmerksamkeit absorbiert. Denken wir daran, dass wir uns in erster Linie selber verkaufen, und da sollte sich die Aufmerksamkeit unseres Gegenübers auf unsere Person und nicht auf ablenkende Details unseres Outfits konzentrieren. Kleine, eher dezente Details mögen seiner Erinnerung an unsere Person dienen.

Nützlich ist es, schon bei Gesprächsbeginn darauf zu achten, dass wir dem anderen nicht genau frontal gegenübersitzen. Ein kleiner abweichender Winkel gestattet uns größere Freiheit. Wir verschaffen uns den nötigen Raum, um uns zurücklehnen zu können, ohne dass es wie ein Zurückziehen wirkt, und uns vorzubeugen ohne direkt zu konfrontieren. Wir sitzen bequemer, was stets unserem Selbstbewusstsein zugute kommt und der Offenheit des Gesprächs dienlich ist. Beim Sprechen nehme ich ohne Weiteres die Hände zur Hilfe, natürlich nicht, um mit ihnen herumzufuchteln, sondern zur Unterstützung dessen, was ich zu sagen habe. Sie beschreiben und unterstreichen meine Rede.

Hier versucht Sophie, eine kleine Koketterie anzubringen: Na, wie wäre es? Machst du es für mich? Eine feine Koketterie ist auch im Geschäftsleben zu akzeptieren; in diesem Fall, weil der Kopf gerade bleibt, auch wenn die Augen blinken. Hätte Sophie den Kopf geneigt, wäre das eine zu weiche Geste und damit unpassend für ihre Position als Managerin.

Keine Angst vor Gefühlen!

Wie in allen anderen Gesprächen sollte auch beim Bewerbungsgespräch über dem objektiven Informationsaustausch die Gefühlsebene nicht vergessen werden. Es ist wichtig, von Empfindungen zu reden, auch weil sie unserem Körper eine eigene Dynamik verleihen. Sprechen wir zum Beispiel über Objekte, die uns im Raum gefallen, so äußern wir bereits Gefühltes, offenbaren etwas von uns selbst. Blieben wir ausschließlich auf der sachlichen Seite, hätten wir nur ein Exposé zu schicken brauchen. Mein persönliches Auftreten wäre unnötig gewesen. Wer uns als Person einlädt, uns vorzustellen, will auch etwas von uns erleben. Erlebnis aber bietet zuallererst die Gefühlsebene. Was gefällt mir? Was widersteht mir? Wie fühle ich mich angesichts bestimmter Sachverhalte oder Erscheinungen? Es geht nämlich nicht nur darum, was ich über die Dinge denke oder weiß. Gefühl und Verstand haben gemeinsam ihren Platz in unserer Rede. Auch wenn wir einen Satz damit beginnen, dass wir sagen: »Ich empfinde, ich fühle, mir kommt es so vor …«, ist der Verstand nicht ausgeschaltet. Er dient mir als ordnendes Element. Meine Erfahrung ist gleichzeitig ein sachliches wie ein gefühlsbestimmtes Element. Erfahrung sollte aber nie ein Anker sein. Ich muss immer noch so neugierig sein, um für alles Neue, das auf mich zukommt, offen zu bleiben. Neugier erweckt in uns eine Öffnung für die Dinge. Geht das Bewerbungsgespräch zu Ende, sollten wir nicht durch Nachfragen oder verspätete Einfälle eine Verlängerung der Gesprächszeit erzwingen wollen. Andererseits sollten wir auch nicht überstürzt aufbrechen. Nimm dir die Zeit, dich zu verabschieden, dich zu bedanken, selbstverständlich mit freundlichem Gesicht, und entferne dich, ohne zu zögern, mit gelassenem Schritt. Der Eindruck »Ich bin meiner Sache sicher!«, ist beim Abgang genauso wichtig wie beim Eintreten.

»Und wie steht es damit bei ganz normalen Geschäftsgesprächen?«, fragte Robert.

Ich würde sagen, jede Erstbegegnung mit einem Verhandlungspartner ist wie eine Bewerbung. Dasselbe gilt für einen neuen Kunden. Beide Seiten versuchen als Erstes herauszufinden, mit wem er es da zu tun bekommt. Kann ich ihm vertrauen, kann ich ihm nicht vertrauen. Ist er kompetent, ist er nicht kompetent? Gefällt er mir, gefällt er mir nicht? Fühle ich mich von ihm bedroht, fühle ich mich nicht von ihm bedroht? Das ist eine Gedankenkette, die sehr schnell in uns abläuft und dennoch maßgeblich bestimmt, wie weit wir uns dem anderen öffnen und dem, was er anzubieten hat. Noch einmal: Auch im Verkaufsgespräch verkaufe ich primär mich als Person und erst nachfolgend das Produkt. Denn ich bin das Tor, durch das der Kunde oder Partner hindurch muss, um an die Ware, das Objekt seiner Wünsche zu gelangen. Ist dieses Tor einladend und weit offen, wird er einen besseren Zugang zu dem Produkt finden, das ich ihm anbiete. Also werde ich ihm das Gefühl vermitteln, dass ich speziell für ihn da bin, um ihm etwas anzubieten und bin vertrauenswürdig. Wenn du etwas brauchst, komm zu mir! Wenn etwas passiert mit dem Produkt, komm zu mir! Dafür bin ich da. Ich repräsentiere die menschliche Beziehung zwischen dir und dem Produkt, das ich dir anbiete. Was wir anstreben, ist, jedem Partner so viel Vertrauen einzuflößen, dass am Ende jeden Gesprächs jeder sagen kann: »Ich habe ein gutes Gefühl.« Jede Verhandlung und jeder Verkauf trägt ein Moment von Zukunft in sich, die sich in Fragen wie diesen manifestiert: Wird der neue Wagen gut laufen? Wird das Geschenk erfreuen? Wird das Projekt, über das wir abgeschlossen haben, erfolgreich sein?« Alle diese Fragen appellieren an unser Gefühl, und das ist es, was ich in einer Verhandlung eigentlich verkaufe: das gute Gefühl. Das verkörpere ich und nicht die Maschine.

Empfindet der Partner mein Verhalten als zu dominant, hat er das Gefühl, ich blockiere seinen Zugang zu den Dingen, ist das so, als müsse er sich durch eine halb geöffnete Tür zwängen, und das bereitet niemandem ein gutes Gefühl. Daher spielt die Offenheit, mit der ich einen Partner empfange, spielen mein Äußeres, meine Ausstrahlung, das Ambiente, das ihn bei mir aufnimmt, eine nicht zu unterschätzende Rolle für das gute Gefühl, das ich vermitteln möchte. Der Raum, in dem wir Gäste und Partner empfangen, sollte uns einiger Aufmerksamkeit wert sein. Er sollte auf jeden Fall Elemente enthalten, die dem Auge angenehm sind und dem Partner in freundlicher Erinnerung bleiben: Möbel, Bilder, Blumenschmuck, alles was unser Gemüt lockert, befördert unser Gespräch. In einem sterilen Raum schließen sich, wenn man so sagen kann, unsere Poren. Wir fühlen uns nicht wohl. Auch ein unbequemer Stuhl, den ich meinem Partner anbiete, wird sein Wohlbefinden beeinträchtigen und seine Entscheidungen beeinflussen. Aber auch ein breiter, weicher Ledersessel, in dem man halb versinkt, mag zwar bequem sein, aber er macht auch passiv. Weder will ich selber in Passivität versinken, noch will ich die Aktivität meines Partners lähmen. Ein gutes Geschäft entsteht in einem dynamischen Gespräch, so dass wir beide spüren, wir haben etwas getan. Passivität erzeugt kein gutes Gefühl. Sobald ich den anderen mit seinen Vorstellungen und Wünschen zur aktiven Beteiligung am Gespräch gebracht habe, ihn also aktivieren konnte, ist er bereits Teil eines gemeinsamen Projekts. Wir können uns darauf verlassen, dass jedermann allzu gern seine eigenen Vorstellungen zum Leben erwecken möchte. Alles, was seine Aktivität fördern könnte, also auch das Ambiente, ist von Nutzen für uns. Wir setzen ihn also nicht auf einen niedrigeren Stuhl, um ihn kleiner zu machen, wir platzieren ihn nicht gegenüber einem Fenster, dessen Licht ihn blendet, um ihn zu irritieren. Das waren Techniken der Fünfzigerjahre des vorigen Jahrhunderts, als es angezeigt schien, den anderen zu besiegen. Heute geht es uns, wie gesagt, nicht mehr darum, dass es einen Sieger (natürlich wir) und einen Verlierer (natürlich der andere) gibt, sondern dass im Ergebnis beide einen Gewinn davon haben, wenn wir zusammenarbeiten, da sich unsere Energien im gemeinsamen Tun potenzieren. Kampfszenarien und verschlossene Türen verhindern positive Aktivität. Energien, die wir im Konkurrenzkampf verbrauchen, sind verlorene Energien. Ich habe es gleich zu Anfang gesagt: Unsere Gegner von gestern müssen unsere Partner oder Kunden von morgen werden.

Zwei Erfolgsleute haben keine Angst voreinander. Jeder schaut nach seinen Vorteilen, aber der wahre Vorteil liegt in der Bündelung der Kräfte.

»Bekomme ich denn«, warf Robert ein, »in dem von dir geschilderten angenehmen Ambiente auch etwas zu trinken?«

Die Frage ist gar nicht so falsch. Einen kleinen Drink anzubieten, eröffnet eine Art soziales Ritual von Geben und Nehmen. Es fördert die Bereitschaft, etwas zu akzeptieren, was mir angeboten wird, und selbst, wenn der Partner ablehnt: Nein, im Moment nicht! Vielleicht stellt man ihm jedenfalls ein Glas Wasser hin, damit er sich bedienen kann, wenn ihm danach ist. Die auflockernde Geste ist wichtig, und das Ritual von Geben und Nehmen ist angestoßen.

Territoriale Tabus

Bei aller erwünschten Lockerheit der Atmosphäre gilt es, die Territorien des anderen zu respektieren. Der Schreibtisch des Gastgebers ist so ein ritueller Ort. Der Gast darf ihn nicht einfach in Beschlag nehmen. Nicht ungeschickt verhält er sich, wenn er höflich fragt, ob er seine Akten darauf platzieren darf, denn diese Frage, gibt dem Gastgeber, die Gelegenheit ihm einen Platz einzuräumen, was wir durchaus als eine symbolische

Tom serviert Sophie höflich und galant den Kaffee. Durch die Position, die er dabei einnimmt, kommt er ihr ziemlich nah. So weit die Beziehung zwischen den beiden nicht sehr vertraut ist, wird sich ihr Blick senken, um die Grenze aufzuzeigen: Trotz der physischen Nähe möchte ich die Distanz wahren.

Geste verstehen können. Sie ist für beide Partner erfreulich. Der Gast hat sich nicht als Eroberer aufgespielt, indem er den Schreibtisch ohne zu fragen in Besitz nahm, was den Gastgeber freute, und der Gastgeber hat dem Gast etwas von seinem Hoheitsgebiet abgetreten, was diesen freuen muss. Grundsätzlich gilt, dass der Besucher sich weder zu breit machen soll, noch zu klein und dünn. Eine Aktentasche, die er bei sich hat, braucht er nicht ängstlich an sich zu drücken. Er sollte den zur Verfügung stehenden Raum durchaus in Anspruch nehmen, schon um zu signalisieren, dass er

Auch hier kommen sich die beiden nah, aber Sophies Blick richtet sich auf die Tasse und nicht auf Tom. Mit einer sachlichen Handbewegung sagt sie Danke schön. Auch das Schreibgerät in der Hand bedeutet: Wir sind eigentlich nicht hier, um Kaffee zu trinken, sondern um weiterzuarbeiten. Es bleibt sachlich.

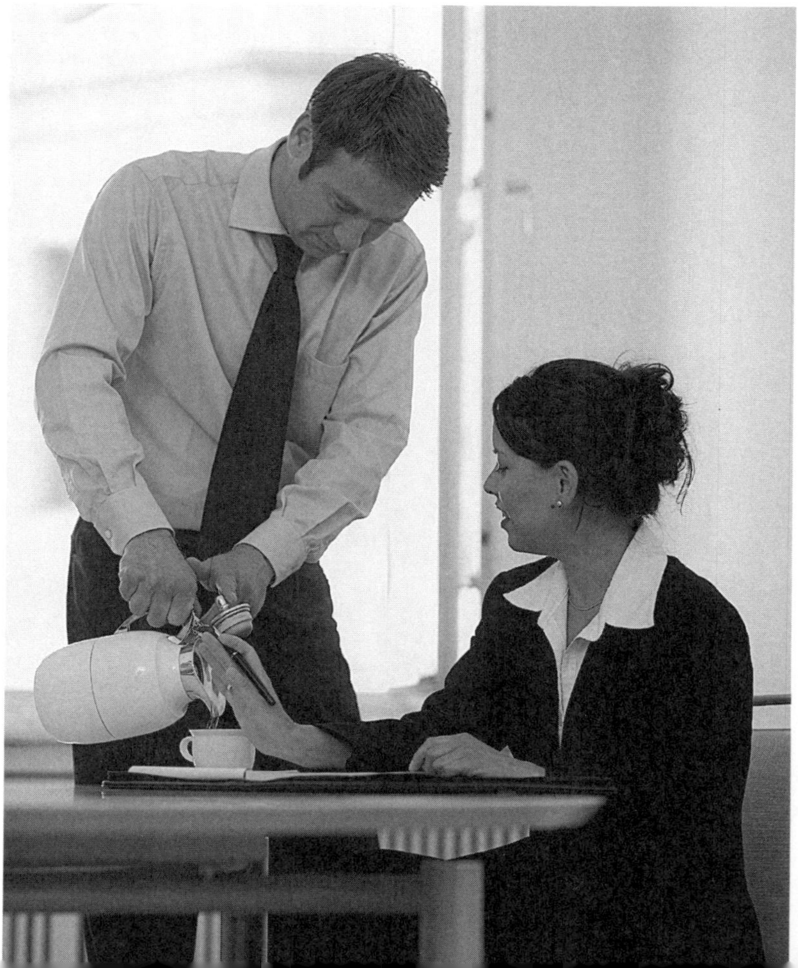

gewöhnt und fähig ist, sich auf größeren Territorien zu bewegen. Es ist unvorteilhaft, sich zu klein zu machen und sich quasi zu entschuldigen, dass man überhaupt im Raum ist.

Verengen wir auch unseren Blick nicht, die Augen starr auf unser Ziel gerichtet, sondern nehmen wir uns die Freiheit, uns umzuschauen. Auf jeden Gastgeber wirkt es angenehm, wenn wir auf Einzelheiten in seinem Territorium hinweisen, die unsere Aufmerksamkeit angezogen haben. Das kann ein Bild, ein Buch, irgendein Gegenstand sein, über den sich

Sehen wir uns dieses Foto an, ohne etwas über die handelnden Personen zu wissen, werden wir kaum darauf tippen, dass hier eine Dame in höherer hierarchischer Stellung den Kaffee ausschenkt, sondern werden eher dazu neigen, sie für eine hierarchisch untergeordnete Mitarbeiterin zu halten. Dazu kommt, das sich bei Männer unbewusst das Gefühl einschleicht: Ich werde von einer Frau bemuttert.

etwas sagen lässt: »Ach, ich sehe, Sie spielen auch Golf! Ist das Ihre Familie? Ich habe auch zwei Kinder. Sie haben da den neuen Peter Handke. Ich lese ihn auch gerade.« Smalltalk dieser Art schafft eine gemeinsame Ebene zwischen zwei Gesprächspartnern. Was nur positiv sein kann für das Gespräch.

Obliegt die Aufgabe, den Besucher zu empfangen, einer Frau, sollte sie es auf jeden Fall vermeiden, ihm ein etwa angebotenes Getränk selbst einzuschenken. Das sollte ein Mitarbeiter oder die Sekretärin übernehmen. Tut sie es selbst, wird automatisch das Bild der Hausfrau oder Mutter auf sie projiziert, zu Recht oder zu Unrecht. Das von Kindheit an eingeprägte Bild wird schnell das erwünschte Bild der Führungskraft, als die sie mit Recht auftritt, überlagern. Das Mutterklischee in uns spielt eine zu große Rolle, als dass man riskieren sollte, es im falschen Moment aufzurufen.

In hierarchischen Situationen halte ich es für richtig, dass eine Frau auf ihrem eigenen Territorium als Chefin den Kaffee von jemandem aus ihrem Team servieren lässt, und sie, wie auf diesem Bild zu sehen, gemeinsam mit ihrem Verhandlungspartner ihre Energie nutzt, um sachlich weiterzuarbeiten. Den Kaffee kann jemand anderes einschenken. So ist der Eingriff in hierarchische Positionen vermieden.

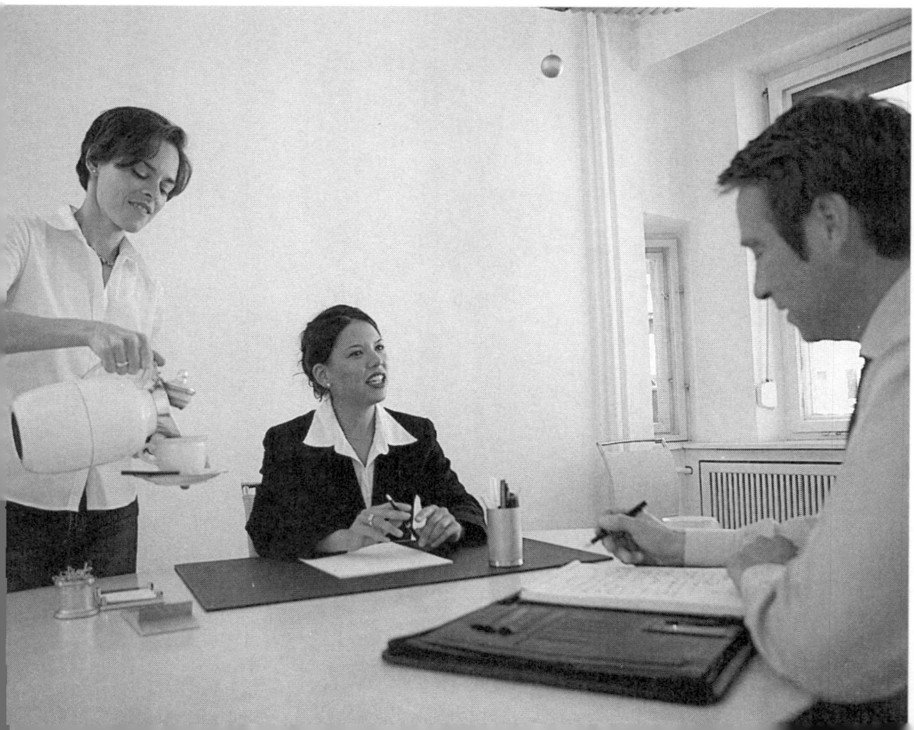

Vor Publikum

Tom meldete sich zu Wort. »Es sind ja nicht nur Zweiergespräche, die wir in der Führungsetage zu führen haben. Wie verhalten wir uns im Gespräch mit Gruppen von Mitarbeitern richtig?«

Bei einer Sitzung mit mehreren, also nicht einer Versammlung im großen Stil, ändert sich nicht sehr viel. Vor allem gilt auch hier der Grundsatz, immer wieder danach zu fragen, was dem Einzelnen wichtig ist, um herauszufinden, was hinter den sachlichen Aussagen steckt. Fragen wir nach der Empfindung, nach dem Gefühl, das einer bei einer Sache hat, erhalten wir mehr Informationen als auf jedem anderen Weg. Alles liegt daran, dass es uns gelingt, das persönliche Engagement der Gesprächspartner zu wecken. Gefühlsgesteuerte Aussagen enthalten manchmal scheinbar weniger Informationen als rein sachliche Erklärungen, aber das Bild, das wir empfangen, erscheint beinahe dreidimensional, während die objektive Erklärung stets zweidimensional bleibt. Natürlich sage ich selbst

Verwenden wir ein Overheadprojektor, sollten wir beim Wechseln der Folien etc. aufrecht stehen. Der zum Gerät hin verbogene Körper trennt uns von unserem Publikum, das unser Gesprächspartner ist.

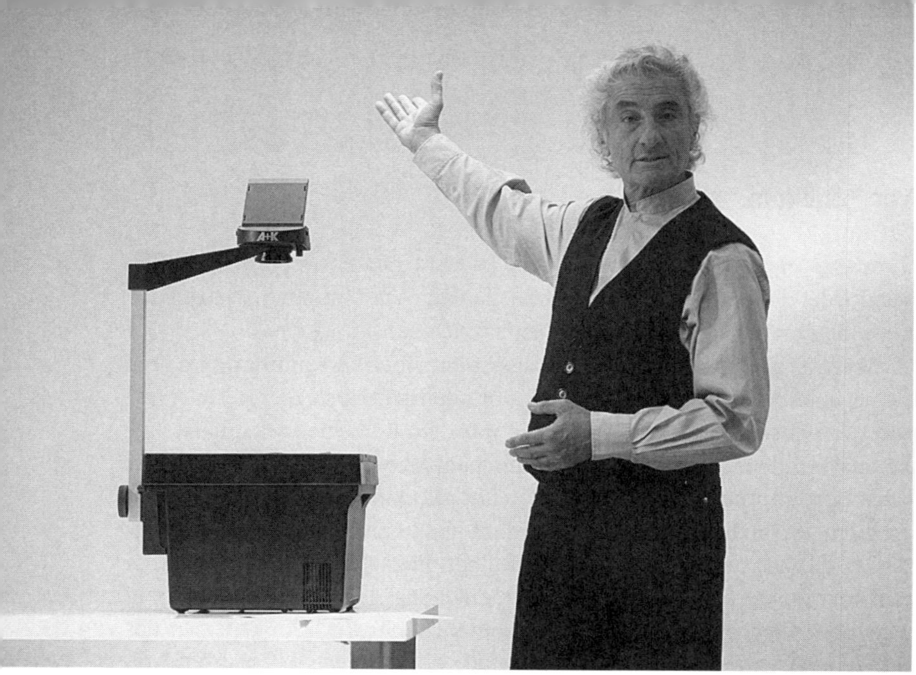

So ist es richtig. Die Hand deutet auf bestimmte Punkte in der Projektion, die gezeigt wird, aber gleichzeitig muss klar werden: Ich bin der Gesprächspartner und nicht das Bild, das projiziert wird.

Ein schlechtes Beispiel: Der Vortragende sollte während seiner Ausführungen nicht auf die Bilder schauen, die seine Rede begleiten, er sollte wissen, was hinter ihm abläuft. Sein Blick hat dem Publikum zu gelten. Denn er ist es, der die Informationen gibt, der zwischen den Bildern, die seine Hilfsmittel sind und seinen Zuhörern vermittelt.

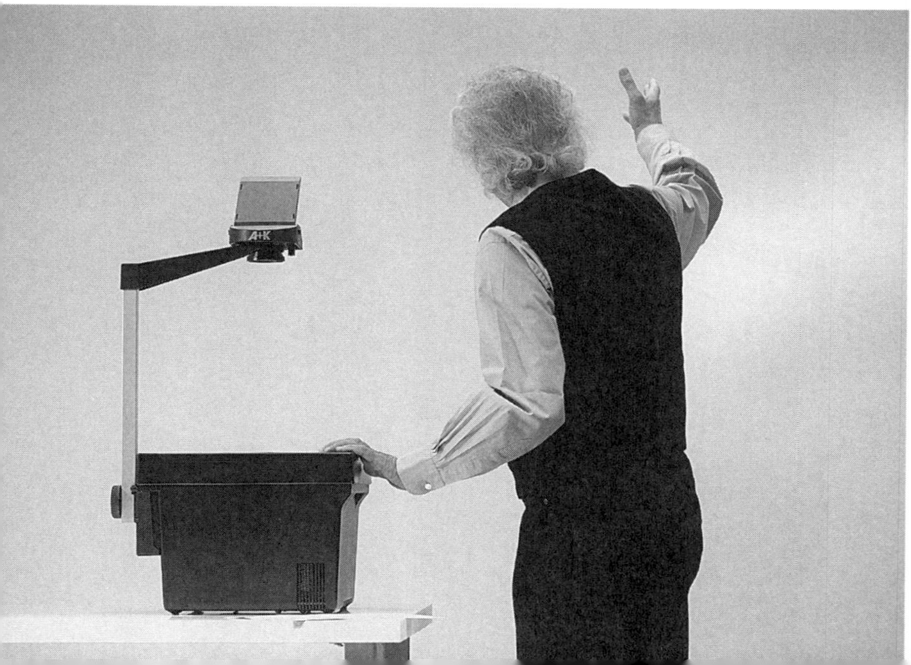

auch mehr aus, erreiche auch ich eine Art Dreidimensionalität, wenn ich darüber spreche, was ich bei einer Sache empfinde.

Aber wenn ich Robert recht verstanden habe, meinte er größere Versammlungen. Es gibt da ein paar Voraussetzungen, über die wir uns zunächst klar werden sollten. Findet die Veranstaltung in einem Saal statt, sollte sich die Führungskraft vorher darüber informieren, was es für ein Saal ist und wie er aussieht. Wie soll mein Auftritt vonstatten gehen? Soll ich mich bereits auf der Bühne befinden, wenn die Reihen unten sich füllen? Muss ich Treppen hinaufsteigen zum Rednerpult? Sind Blumen da? Was wird hinter mir projiziert? Bei solchen Gelegenheiten tritt wieder die Gefahr durch die Aufmerksamkeitsräuber auf. Blumen, die vor mir stehen und die Sicht auf mich als Redner einschränken, sollten zur Seite gesetzt werden. Laufen in meinem Rücken allzu starke bewegliche Bilder, können die sich sehr schnell als Aufmerksamkeitsräuber erweisen. Handelt es sich um einen Power-Point- oder Overhead-Vortrag, muss man sich hüten, zu oft nach hinten zu schauen. Die Hausaufgaben muss ich zu Hause gemacht haben und wissen, was hinter mir abläuft. Eine knappe Handbewegung, mit der ich auf wesentliche Punkte hinweise, muss ausreichen, um Akzente zu setzen. Auch ein kurzes Zurückblicken ist nicht mehr als natürlich, aber der Rest meiner Aufmerksamkeit muss dem Publikum gelten. Da bei Overhead-Vorträgen der Saal ein wenig abgedunkelt wird, sollte man darauf achten, dass der Vortragende nicht im Schatten verschwindet. Bild oder Schrift dürfen nicht zu lange auf der Leinwand sichtbar bleiben. Ich decke sie immer wieder mit einem Karton ab, damit das Licht wieder auf mich als dem Vortragenden fällt, damit nicht die Decke über mir beleuchtet und wichtig wird, während ich nur als Stimme vorhanden bin. Es muss mir daran gelegen sein, immer wieder sichtbar zu werden, da ich die lebendige Information vermittle, und zwar als Vertrauensperson des Publikums. Mich habt ihr als euren Gesprächspartner zu betrachten und nicht die Bilder auf der Leinwand!

Beim Umgang mit dem Overheadprojektor sollte der Vortragende nicht weiterreden, während er die Vorlagen wechselt. Denn dann redet er zu dem Tisch, auf dem der Projektor steht und nicht zu seinem Publikum. Wichtige Aussagen gehen auf diese Weise einfach verloren. Also nehmen wir uns die erforderliche Zeit, um die Folien zu wechseln. Ein paar Zwischenbemerkungen können dabei nicht schaden, lockern das Auditorium vielleicht sogar etwas auf. Ein Ausruf: »Was ist denn nun wieder passiert?« Oder: »Beide liebe ich, und beide beherrsche ich nicht! Ich meine den Projektor und meine Frau«, wird als absolut menschlich, allzu menschlich angenommen, aber die eigentliche Erörterung sollte einen Augenblick lang pausieren. Danach nehmen wir den Faden unseres Vortrags ganz ruhig wieder auf. Und immer daran denken: Ihr seid der Kommunikator! Von ihm erwarten die Zuhörer die Belehrung und nicht vom Overhead-Projektor. Bleibt nicht dauernd im Dunkeln, sondern sorgt dafür, dass ihr selbst im Licht steht!

Wenn wir vor Publikum etwas genau zitieren wollen und daher ablesen müssen, darf es sich nur um kurze Zitate handeln, denn sobald unser Blick zu lange am Papier hängt, trennen wir uns von unseren Zuhörern. Am besten schreiben wir den Text auf eine kleine Karte, die wir in der Hand halten, so dass wir den Blick immer wieder zwischen Karte und Publikum wechseln lassen können.

Immer Ärger mit den Mikrofonen

Eine bewährte Regel besagt, dass der Vortragende, einen Check durchführt, bevor die Zuhörer kommen. Wo stehen die Mikrofone und wie funktionieren sie? Sind es Tisch-Mikrofone, sollten wir die richtige Höhe einstellen und kontrollieren, ob der Ton im Saal gut ankommt, wenn wir gerade zum Publikum sprechen. Nehmt euch die Zeit, das mit dem Tontechniker auszuprobieren! Zu vermeiden ist eine oft zu beobachtende Unart, die darin besteht, dass wir aus Misstrauen gegenüber der Tontechnik beginnen, mit dem Mikrofon zu reden, statt mit dem Publikum. Standmikrofone empfehle ich nicht. Wir verfügen heute über eine so ausgefeilte Technologie, dass wir mit einem Knopf-Mikrofon, das an der Kleidung befestigt wird, viel freier agieren können. Lässt sich das Stand-

Ein grober Fehler, der nicht passieren darf, ist es, wenn der Redner darauf verfällt, zum Mikrofon zu sprechen anstatt zu seinem Publikum.

Mikrofon nicht vermeiden, prüfen wir wieder, ob die Höhe richtig eingerichtet ist, nicht zu tief, damit wir uns nicht ständig hinunterbeugen müssen, und nicht zu hoch, damit es uns nicht halb verdeckt. Die Schwäche eines Stand-Mikrofons liegt vor allem darin, dass ihr an einem Platz festgenagelt seid und es sich kaum vermeiden lässt, dass ihr doch irgendwann anfangt, euch an ihm festzuhalten und mit ihm statt mit dem Publikum zu flirten. Bewegungsfreiheit ist unerlässlich, wenn ich dem Publikum etwas nahebringen will.

Bei vielen Podiumsveranstaltungen taucht für den Moderator ein Problem auf. In der Mitte des Podiums sitzen lauter wichtige, ehrenhafte Damen und Herren, für den Sprecher oder Moderator bleibt ein Seitenplatz, von dem aus er zum Publikum zu sprechen hat, und er steht dort sehr ungünstig. Die optischen Proportionen verschieben sich von diesem

Ich sollte darauf vertrauen, dass meine Stimme ausreichend trägt, auch wenn ich trotzdem ein Mikrofon benutze. Das ist ein Problem der Tontechniker, das sich vor dem Auftritt lösen lässt, indem überprüft wird, ob Stimme und Mikrofon richtig tragen. Ich spreche direkt und in einer möglichst dynamischen und engagierter Weise zu meinem Publikum.

Platz aus gesehen. Ein kleiner Teil des Publikums sitzt ganz nah vor ihm, der größere sehr weit entfernt. Ich würde von einem solchen Sprecherplatz in der Saalecke aus nicht sprechen wollen. Ich würde mir ein Knopf-Mikrofon oder ein Kopfmikrofon erbitten und mich immer wieder zur Mitte hin bewegen. Das wird nur in den Fällen erschwert, in denen ihr eine Rede vorbereitet habt, die ihr – was ich nie empfehle – vorlesen wollt.

Lob der freien Rede

Eine vorgelesene Rede verliert unweigerlich an Lebendigkeit. Zu empfehlen sind Zitatkarten, die mir zugleich den roten Faden meines Vortrags vor Augen stellen. Das erleichtert es mir auch, die Zitate wörtlich abzu-

Trotz des Pultes kann ich in großen Räumen selbstverständlich große, ausladende Bewegungen machen. Große und raumgreifende Bewegungen gehören zu großen Räumen.

liefern, was ich für absolut notwendig halte. Am lebendigsten wirkt es selbstverständlich, wenn ich frei rede, unter der Voraussetzung, dass ich weiß, wovon ich rede. Wenn es auf die genaue Formulierung ankommt, wie es z. B. bei Politikeraussagen der Fall sein sollte, ist es ratsam, zu Hause so lange zu üben, bis das Vorlesen kein Vorlesen mehr ist, sondern so lebendig wirkt, als sprächet ihr frei. Komplizierte Sätze, die sich zwar schön lesen, sich aber schwer sprechen, sind tunlichst zu vermeiden. Zu lange Sätze verleiten zu monotoner Sprechweise und sind per se für das Publikum schwer aufzufassen. Die Sätze des Redners sollten kurz und klar sein, manchmal eben auf Kosten einer schönen literarischen Formulierung. Wer seine Gedanken ausführlicher entwickeln und in größeren Perioden formulieren möchte, ist besser beraten, sie schriftlich zu verteilen. Was vom Podium kommt, sollte insgeheim einem Dialog mit dem Publikum gleichen.

Wer eher klein gewachsen ist, muss darauf achten und vorher kontrollieren, wie hoch das Rednerpult ist. Wenn der Redner vom Pult völlig verdeckt ist, wird es anstrengend für das Publikum und negativ für die Aussage, die wir herüberbringen wollen.

Wieder gilt es, der Körperhaltung Aufmerksamkeit zu widmen. Ob wir stehen oder sitzen, wir dürfen uns nicht eng auf unser Manuskript, wenn wir denn eines haben, konzentrieren. Wir reden also mit breiter Brust und geöffneten Armen, die nicht am Papier kleben. Das verschließt mich körperlich wie geistig und zieht meinen Kopf fast mechanisch zum Papier herunter.

Es gibt ein paar Kleinigkeiten, die dennoch nicht unwichtig sind: Wer seine Lesebrille benötigt, sollte keine Kopf-Mikrofone benutzen. Denn beim Auf- und Absetzen der Brille lässt sich eine Berührung von Brillengestell und Mikrofon kaum vermeiden, und es scheppert. Ist das Redemanuskript in so großen Buchstaben geschrieben, dass es sich auch ohne Brille lesen lässt, ist die Schwierigkeit behoben.

»Das gilt für männliche wie für weibliche Redner, klar«, warf Sophie ein, »aber gibt es für uns Frauen nicht auch spezielle Tipps?«

Die Hände halten sich seitlich am Pult. Das ist nichts Negatives, weil der Impuls uns zu schließen durch das breite Pult unterbunden wird. So bleiben wir offen. Vorsicht: Nicht klammern! Denn von diesem Moment an wirkt die Bewegung negativ.

Ich musste zugeben, dass es nicht viele sind. Allerdings sollten die Damen bei Steck-Mikrofonen darauf achten, dass die auf Seidenstoffen leicht zu rutschen beginnen und bei weichen Stoffen die Neigung haben, den Sitz z. B. leichter Blusen zu verzerren. Da könnte zu sehen sein, was nicht sichtbar sein sollte. Bei Revers-Mikrofonen stört jeder metallene Schmuck um den Hals die Übertragung, ebenso können lange Ohrringe von Übel sein, die an das Bügel-Mikrofon schlagen. Auch offene lange Haare und sehr kurze Röcke können sich zu Aufmerksamkeitsräubern entwickeln, sehr enge Röcke machen das Besteigen des Podiums eventuell schwierig. Sehr kurze Röcke schränken jedoch vor allem im Sitzen auf dem Podium die Bewegungsfreiheit ein. Denn im Sitzen wird der Rock noch kürzer. Die Damen können kaum den Sitzwinkel verändern, ohne dass sie Einblicke eröffnen, die ihnen in dieser Situation kaum recht sein können. Jedenfalls wäre die Aufmerksamkeit von dem, was sie zu sagen haben, ent-

Wir sehen die offene Bewegung über dem Pult, engagiert und in direktem Kontakt zum Publikum mit voller Energie.

scheidend abgelenkt. Jede Frau nimmt diese Kalamität wahr, kann sie aber nicht mehr abstellen, wenn sie einmal auf dem Podium sitzt. Und so ist sie zwar in der Gesprächsrunde präsent, aber ständig abgelenkt vom Inhalt des Disputs.

Männer sollten sich darüber klar sein, was den Zuhörern stärker als irgendwann sonst im Blick liegt: Schuhe und Socken der Gesprächsteilnehmer auf dem Podium. Zu kurze Socken, die ein Stück nacktes Bein unter dem Hosenbein sehen lassen, stören die Optik. Lang genug und glatt gezogen sollten die Socken sein, Kniestrümpfe sind die eleganteste Lösung. Weiße Socken, die schon einmal Mode waren, sind verpönt. Sie lenken, genauso wie farbige Socken, die Aufmerksamkeit der Zuhörer ab.

Auch beim besten Mikrofon sollte die Stimme des Redners klar artikulieren, und wir sollten nicht zu schnell sprechen.

Offen, überzeugt und enthusiastisch, ohne zu übertreiben: eine der großen Bewegungen, die im Prinzip die Welt umarmen möchten.

Mit dem Blick das Publikum umfangen: *Ich spreche zu euch allen!*

Unser Blick, der grundsätzlich das ganze Publikum umfasst, darf sich durchaus für Augenblicke an eine bestimmte Person heften und auf diese Weise ihr, aber vor allen Dingen uns selbst das Gefühl geben, wir sprechen zu jemandem und nicht über die Köpfe hinweg in eine Leere hinein. Es tut gut, von Zeit zu Zeit einen Blick oder ein Lächeln von einem Zuhörer einzufangen, so dass wir das Gefühl haben, in einem persönlichen Dialog zu stehen. Die Wirkung ist erstaunlich. Habe ich einen solchen Blickkontakt mit einem Zuhörer gefunden, fühlt sich jeder von den tausend anderen Zuhörern im Saal so, als sei er es, mit dem ich ganz individuell spreche. Auf keinen Fall darf unser Blick an einem Zuhörer haften bleiben. Wir wechseln von vorn in die hinteren Reihen des Saals, schauen nach links und rechts, und wenn es eine Empore oder Ränge gibt, auch nach oben und unten. Es soll heißen: Ich nehme euch alle wahr! Übrigens bleibt man als Redner meist ganz von selbst an einem Zuhörer hängen, der sich auf irgendeine Weise zustimmend bewegt hat.

Auf Bühne oder Podium hin und her zu rennen, stiftet nur Unruhe, aber auf einem Platz wie festgewachsen stehen zu bleiben, wirkt langweilig. Wenige Schritte nach links oder rechts und wieder zurück im richtigen, also Akzent setzenden Moment zu machen, verschafft uns wechselnde Blickwinkel und hilft uns, die Gesamtheit des Auditoriums zu erfassen und das Gefühl zu verbreiten: Ich spreche zu euch allen! Der Stellungswechsel bietet sich an, wenn wir zu einem neuen Gedanken übergehen. Selbstverständlich geht auch von der Mitte aus unser Blick von den vorderen Reihen nach hinten und von den hinteren wieder nach vorn. Und wieder gilt: Die Hände müssen mein Engagement übertragen helfen. Die Stimme sollte nicht laut werden, auf keinen Fall in Schreien übergehen, auch wenn sie zur Betonung wesentlicher Aussagen nach oben gelenkt wird. Insgesamt sollte sie ruhig und in dem Vertrauen geführt werden, dass ich meine Botschaft rüberbringen werde, auch ohne Druck. Die Hand dagegen muss betonen. Ein großer Saal verlangt eine größere Bewegung. Die Bewegung wirkt ruhiger und ausdrucksvoller, wenn ich die Hand in der Bewegung für wenige Sekunden in der Luft stehen lasse. Nehme ich die Hand jedes Mal wieder schnell herunter und führe sie sofort wieder hinauf, entsteht eine Art Leerlauf, der die Geste entwertet. Lassen wir auch unser Gefühl in unseren Worten nicht zu kurz kommen. Denken wir daran, dass nur das, was uns berührt, auch haften bleibt in unserem Gedächtnis. Also keine Angst vor Emotionen! Die Menschen wollen berührt werden, weil sie das Erlebnis suchen. Also ist es ein guter Rat, neben der sachlichen Darstellung auch zu zeigen, dass wir ganz persönlich involviert sind. Weite offene Bewegungen sind vor allem in groß dimensionierten Sälen unbedingt am Platze. Sie sprechen davon, dass ich den ganzen Saal und alle Zuhörer umfasse, dass ich meiner Reichweite vertraue und Boden unter den Füßen habe, also sicher stehe.

Ein Lächeln oder eine humoristische Bemerkung von Zeit zu Zeit lockern und machen das Publikum rezeptiv. Selbst bei sehr ernsten Themen sind kleine Lockerungen angezeigt, denn gegen den lastenden Ernst eines Vortrags sperren sich die Zuhörer von irgendeinem Moment an. Also bemühen wir uns auch in ernsten Zusammenhängen um eine Lockerung, um das Publikum wieder aufnahmefähig zu machen: Es müssen ja keine Witze sein.

Der Abgang

Nach beendigtem Vortrag bitte ein paar Sekunden am Platz bleiben und ins Publikum schauen, gleichgültig, ob ihr eure Papiere selbst zusammenräumt oder sie liegen lasst, und in Ruhe das Podium verlassen! Eile verdirbt mehr, als man meinen könnte. Auch wenn der nächste Termin drängt, dürfen wir bei den Zuhörern zum guten Schluss nicht noch das Gefühl erwecken, wir hätten keine Zeit für sie. Denn der beste Vortrag wird beschädigt, wenn der Redner hinterher sofort verschwunden ist. Nehmt euch Zeit dafür, wenn das Publikum applaudiert oder eure Worte noch in den Ohren der Zuhörer klingen. Der Abgang selbst sollte zügig und energisch sein.

Bei Veranstaltungen, die mit Musik eingeleitet werden, hat der Redner die Möglichkeit, bei den ersten Takten der Musik aufzutreten. Er soll-

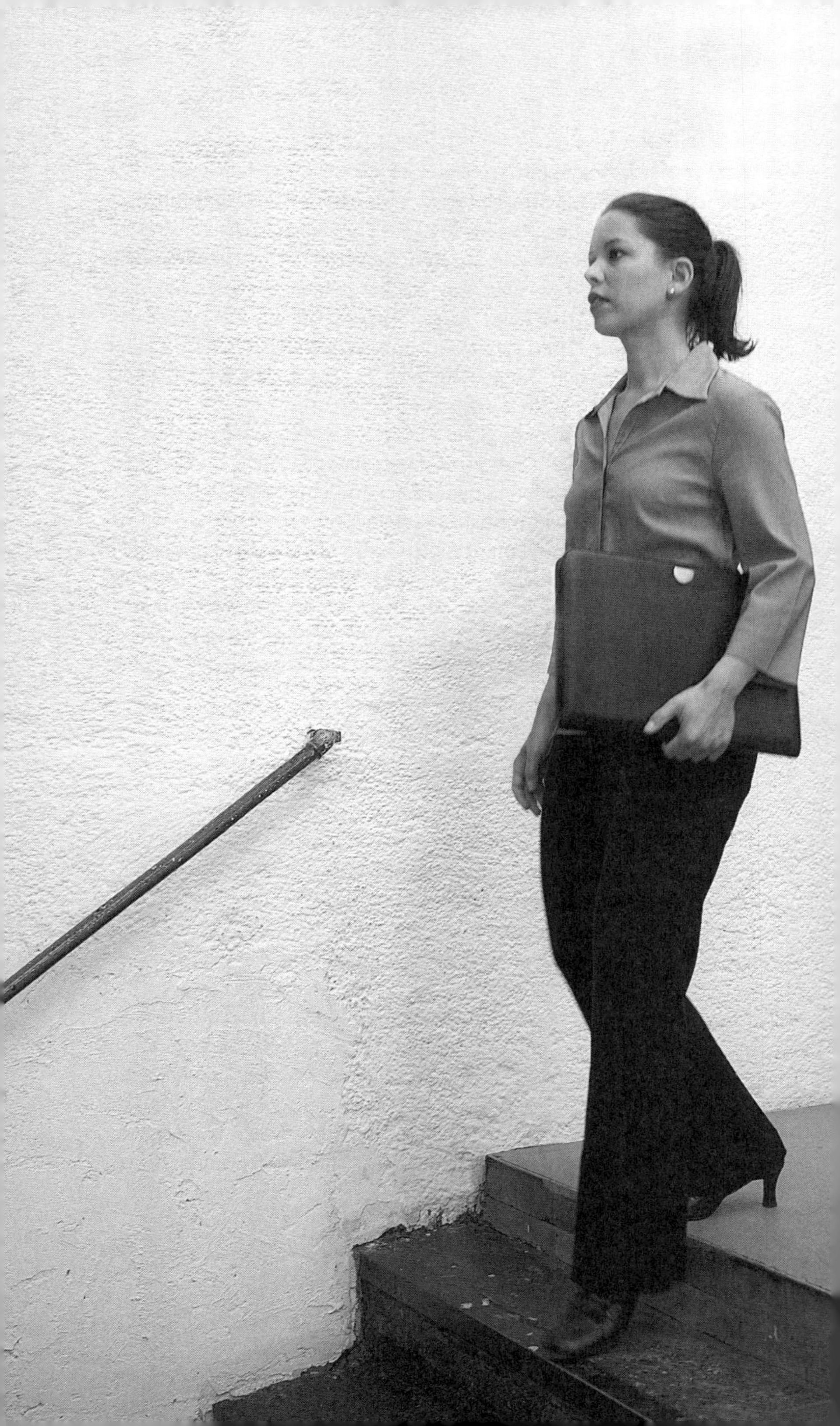

te nicht in die Musik hineinreden, sondern erst nach dem Schlussakkord einsetzen. Als zweite Möglichkeit bleibt, die Musik erst ausklingen zu lassen und dann ruhig und souverän aufzutreten und damit die Szene zu übernehmen.

Vorträge, die der Motivation dienen sollen, folgen ganz bestimmten Regeln: Bis in die kleinsten Bewegungen hinein ist alles auf positive Einwirkung auf den Zuhörer abgestimmt: Dem Wörtchen ›Wir‹ kommt eine bestimmende Rolle zu: *Wir* haben es gemacht! *Wir* haben es geschafft! *Ihr* seid die Gewinner. Positive Aussagen mit offener Gestik, mit Bewegungen, die nach oben gehen, stimulieren ein Publikum. Wichtig sind auch kleine Pausen, die dem Publikum Zeit lassen, den Eindruck zu verinnerlichen oder zu einem Zwischenapplaus zu nutzen. Also nicht darüber hinwegwischen! Auch diese Technik lässt sich lernen.

Vor der Fernsehkamera

»Sag einmal«, fragte Tom, »verhältst du dich im Fernsehinterview genauso wie vor großem Publikum?«

Natürlich haben wir es beim Fernsehen mit einem anderen Medium zu tun als beim Vortrag im Saal oder vor einer kleineren Gruppe. Das beginnt schon mit der Kleidung. Es kommt nämlich darauf an, was durch die Kamera gut ankommt, und das sind einfache und einfarbige, ruhige Stoffe. Gestreifte Hemden wirken unruhig, und weiße Hemden haben einen Rückstrahleffekt, der vermieden werden sollte. Hellblau, Beige, Creme, sogar dunkle Farben kommen besser an als Weiß. Schmuck könnte problematisch werden, wenn er klimpert, also Geräusche verursacht. Als wesentliche Regel kann man sich merken, dass es absolut verpönt ist, direkt in die Kamera zu schauen. Natürlich weiß jeder, dass bei mehreren

Was Sophie hier zeigt, kann jeder trainieren: Beim Hinaufgehen auf ein Podium oder beim Hinuntergehen vom Podium genügt ein erster Blick auf die Treppenstufen. Danach sollten wir nicht mehr nach unten schauen. Ich erzeuge ein Gefühl von Offenheit und Sicherheit, wenn ich mit erhobenem Blick die Treppe hinauf- oder hinabschreite. Und das kann man überall üben.

Kameras es stets die mit dem roten Licht ist, die gerade aufnimmt. Verlasst euch auf den Regisseur, der euch mit der jeweils richtigen Kamera, von der Seite, in der Totale oder im Close-up ins Bild bringt. Ganz wichtig ist hier, nicht zu schnell zu sprechen. Die Stimme sollte sich nicht zu hoch hinaufschwingen, sondern einen ruhigen, eher dunklen Tonfall bewahren. Auch bei großem Engagement von eurer Seite solltet ihr eure Hände ruhig halten. Zu viel schnelle Bewegung stört das Bild. Natürlich sind Handbewegungen zur Unterstreichung meiner Rede wichtig. Vor der Kamera jedoch erhält, was ich über den Moment des Anhaltens in der Bewegung gesagt habe, noch größere Bedeutung. Dieses Anhalten verstärkt den Eindruck meiner Worte. Es ist der Moment, den ich dem Zuschauer lasse, um sich auf den Sinn meiner Worte zu besinnen, auch wenn er nur Sekunden dauert.

Wir sollten locker sprechen, sitzen oder stehen. Unsere Bewegungen dürfen nicht überstürzt oder hektisch wirken. Und wieder heißt es, ruhig und nicht zu schnell sprechen, möglichst in kurzen klaren Sätzen, Schachtelsätze vermeiden, weil sie über den Bildschirm bestimmt nicht ankommen. Also versucht nicht, superklug zu sein, sondern dafür klar und verständlich. Und denkt daran, das Publikum zu Hause will gerührt werden, will etwas erleben. Also springt über euren Schatten und zeigt Gefühl. Die Sache selbst ist für die Rezeption durch den Fernsehzuschauer nicht ausschlaggebend. Ich erinnere immer wieder daran: Ich kaufe keine Medizin um der Medizin willen, sondern wegen ihrer Wirkung, die sie auf mich hat. Also reden wir über diese Wirkung. Ich kaufe kein Gerät, nur des Geräts wegen, sondern Auslöser für meinen Kaufentschluss wird immer der Nutzen sein, den ich davon habe:

Bequemlichkeit, Leichtigkeit, Genuss, Gewinn, ein gutes Gewissen oder was auch immer. Immer geht es darum, wie eine Geschichte auf mich wirkt und was sie bei mir auslöst. Meine und eure Überlegung muss deshalb dahin gehen, sich darüber klar zu werden, was den Menschen am Bildschirm interessieren könnte. Sprechen wir von sehr großen Zahlen, kann das auf den ersten Blick imponieren. Wichtig für ein andauerndes Interesse des Zusehers ist es aber, dass wir die großen Zahlen auf die Verhältnisse der Menschen herunterrechnen, dass wir über das reden, was sie unmittelbar betrifft. Genau darauf müssen wir uns konzentrieren, und zwar gleichgültig ob in einem TV-Interview, in einer Rede vor einigen hundert Menschen oder in einem Zweiergespräch.

Und denk daran: Auf dich kommt es an. Du verkaufst dich jedes Mal selbst. Du präsentierst dich selbst. Deine Ausstrahlung ist wichtig. Du bist eine Kraft, die wirkt und bist auch ein Magnet mit seiner Anziehungskraft. Sei ganz du selbst.

Zum Schluss

Robert wandte sich zu mir um und sagte: »Wir haben eine Menge von dir gehört. Ob ich das alles aber umsetzen kann, weiß ich nicht.«

Darauf Sophie: »Es kommt ja auch gar nicht darauf an, ob wir alles umsetzen können. Ich für mein Teil kann behaupten, dass mir viele Dinge klarer geworden sind und ich mit vielen Problemen geschickter umgehen werde. Ganz abgesehen davon, dass ich mich selbst in Zukunft besser unter die Lupe nehmen werde.«

Auch Tom wollte seinen Senf dazugeben. Er hatte nachdenklich dagesessen, schlug dann die Augen zu uns auf und sagte: »Zwar waren mir einige Dinge, über die wir gesprochen haben, schon geläufig, aber wie wichtig sie sein können, war mir vorher nicht bewusst. Ich war immer so mit meinen Zielen und Projekten beschäftigt, dass ich die vielen kleinen Steine, die ich mir selbst in den Weg geworfen habe, kaum beachtete. Was hätte ich mir alles ersparen können! Wahrscheinlich habe ich durch meinen verengten Blick auch viel verpasst, weil ich Veränderungen der Lage und Möglichkeiten, die sich daraus ergaben, einfach nicht gesehen habe.«

Robert nickte heftig: »Das ist es«, rief er, »die Optionen, die wir alle übersehen, sind der springende Punkt, ganz abgesehen von den Optionen in uns selbst, für die mir unser Gespräch erst die Augen geöffnet hat.«

Genauso sollte das Resümee immer ausfallen. Als Coach oder Seminarleiter sehe ich mich in meinem Beruf nicht mehr oder weniger als jemanden, der einen Lichtschalter betätigt. Ihr bewegt euch wie in einem dunklen Raum, ohne es bewusst wahrzunehmen, weil ihr euch so gut orientieren könnt. Problemlos findet ihr alles, was ihr sucht, ihr stoßt euch selten an den Gegenständen im Raum und macht auch nichts kaputt. Alles, was ich tue, ist, den Lichtschalter zu betätigen. Ich bringe weder etwas Neues in den Raum noch verändere ich etwas darin. Das Licht aber verändert automatisch eure Welt. Ihr entdeckt plötzlich, dass Wein sich nicht nur durch seinen Geschmack, sondern auch durch seine Farbe unterscheidet, dass Gläser nicht nur Gefäße sind, sondern sich ebenfalls durch Form und Farbe unterscheiden. Es gibt Gläser aus farbigem Glas und durchsichtige. Es wird euch nun nicht mehr so leicht fallen, einfach ein Glas zu nehmen, um daraus zu trinken, denn es eröffnen sich mit einem Mal Optionen, die sich nicht einfach vom Tisch wischen lassen. Ihr werdet einen Wein, von dem ihr gerade entdeckt habt, dass er rot ist, nicht in ein grünes Glas gießen wollen, sondern in ein durchsichtiges. Denn es wäre schade, die schöne Farbe nicht mitgenießen zu können. Er hat sich nicht verändert, nur die neuen Optionen haben es euch bewusst gemacht.

Wir sprechen häufig vom Halbmond. Dabei vergessen oder verdrängen wir aus unserem Bewusstsein, dass es keinen halben Mond gibt. Der Mond ist immer ein Ganzes, eine seiner Hälften liegt nur gerade im Schatten. Wir sollten stets auch einen Blick auf solche Schattenseiten werfen, die uns nicht ohne Weiteres vor Augen stehen, und verborgene Dinge ins Licht rücken, weil in ihnen vielleicht viele Optionen stecken.

Wir haben eine Menge Gedanken miteinander ausgetauscht und haben gelernt, dass Wissen allein den Erfolg nicht ausmacht. Ein Kochbuch enthält viele Informationen über das Kochen, selber kochen kann es aber nicht. Es liegt bei jedem von uns, Wissen und Information zum Leben zu bringen. Ungeduld erzeugt dabei nur Druck. Wir müssen uns dem Erfolg öffnen, dann kann er wie der Blitz einschlagen. Wir sollten jedoch auch nicht vergessen, dass fast jeder Erfolg mit kleinen Schritten beginnt, und dass er nicht von außen kommt, sondern in uns selber beginnt. Das intellektuelle Wissen ist nur der Bauplan, aber nicht das Gebäude, die Umsetzung unserer Vorstellungen in die reale Welt ist es, die am Ende zählt.

In den kleinen Übungen sollten wir uns zunächst einmal selbst erleben, um uns klar zu machen, was in uns geschieht, was sich in uns verändert und, ganz wichtig, wo unsere Hemmungen liegen und welche Vorteile und Nachteile sie uns bringen. Dann können wir danach fragen, was wir verändern wollen und feststellen, welche Wirkung eine Änderung auf uns selbst und auf die anderen hat. Überprüfen wir stets von neuem unsere Begriffe und Kategorien! Oft stimmen unsere gewohnten Begriffe nicht mehr mit der Realität überein und wir halten doch an ihnen fest. Ich will das an einem kleinen Beispiel erläutern: Es gibt weder einen Sonnenaufgang noch einen Sonnenuntergang. Denn, wie wir alle wissen, geht nicht die Sonne unter oder auf, sondern wir sind es, die sich mit unserer Erde um die Sonne drehen. Die alten Begriffe aber bleiben.

Es war ein schönes, anregendes Zusammensein. Unser gemeinsames Wirken hat ein dynamisches Feld geschaffen, und ich hoffe, es wird weiter in uns wirksam sein, so wie die Akkorde eines Klaviers, die nur durch ein solches dynamisches Zusammenwirken der Kräfte weiterklingen, während sie im Stillstand gar nicht vorhanden sind.

Was potenziell möglich ist, kann in seiner ganzen Schönheit nur durch unser Tun Gestalt annehmen. So hoffe ich, dass jeder von uns seine Erfolgsmelodie in sich finden und zum Klingen bringen wird.

Kontaktadresse

Wenn Sie an einem Seminar, Kurs oder Personality Coaching mit Samy Molcho interessiert sind, wenden Sie sich bitte an:

Harel Management
Colloredogasse 32
A-1180 Wien
Österreich

Tel.: 0043 1 470 12 12
Fax: 0043 1 470 90 90
E-Mail: office@harel.at
http://www.samy-molcho.de

Über den Autor

Samy Molcho, geboren 1936 in Tel Aviv, wurde durch seine Arbeit als Pantomime, Schauspieler und Regisseur international bekannt. Seine Veröffentlichungen *Körpersprache der Kinder, Alles über Körpersprache* und *Körpersprache und Partnerschaft* sind erfolgreiche Longseller. Neben seiner künstlerischen Tätigkeit ist Samy Molcho em. Professor an der Universität für Musik und darstellende Kunst in Wien. Er ist verheiratet und hat vier Kinder. 2004 wurde er mit dem Großen Silbernen Ehrenzeichen der Verdienste um die Republik Österreich ausgezeichnet.

DIE WICHTIGSTEN STICHWORTE ZUM THEMA KÖRPERSPRACHE VON A–Z

SAMY MOLCHO | **ABC der Körpersprache**
112 Seiten, Broschur, ISBN 978-3-7205-2841-2

Sie möchten einen guten Eindruck beim Bewerbungsgespräch hinterlassen? Sie würden die Flirtsignale des anderen Geschlechts gern besser deuten? Dieser Ratgeber des Erfolgsautors und Körpersprache-Experten Samy Molcho versammelt die wichtigsten Stichworte zum Thema Körpersprache und hilft Ihnen, Ihre Gesprächspartner in Zukunft auch ohne Worte zu verstehen.

ARISTON

LOSLEBEN!

DIE BESTEN STRATEGIEN FÜR HREN PERSÖNLICHEN ERFOLG

192 Seiten, Pappband, ISBN 978-3-424-20148-2

112 Seiten, Pappband, ISBN 978-3-424-20143-7

Limitierte Sonderausgabe
Jedes Buch
€ 12,- (D)
€ 12,40 (A)

6 Seiten, Pappband, ISBN 978-3-424-20145-1

272 Seiten, Pappband, ISBN 978-3-424-20144-4

ARISTON